新潟医科大学整形外科 初代教授

現・新潟大学大学院医歯学総合研究科
機能再建医学講座　整形外科学分野

# 本島一郎 伝

— 群馬県太田市の医家である
本島より新潟へ —

茂木　晃

上毛新聞社

群馬県太田市の医家である
本島より新潟へ

# 新潟医科大学整形外科
# 初代教授　本島一郎伝

現・新潟大学大学院医歯学総合研究科
機能再建医学講座　整形外科学分野

新潟医科大学の教授たち（1929 年）　有山登画

栃木県佐野市小中町「浄蓮寺」にある赤尾家の墓地

# はじめに

群馬県太田の地で育ち、明治・大正・昭和前期の七〇年間を駆けぬけ、北越地域及び全国に整形外科学の大樹を育成された医師、学者に本島一郎先生があった。色艶の良い巨体を持ち、豪放磊落な人柄と柔和で端正な温顔で人に接した先生は多くの人々の尊敬を集めた。

本島一郎先生は東京帝国大学医科大学で整形外科学を専攻し、新潟医学専門学校・新潟医科大学で教授を務め、附属病院長・同大学長に推され、日本整形外科学会会長に挙げられるなど、黎明期の整形外科学界の羅針盤となった逸材として永く人々の脳裏に刻まれた人物といえよう。

一郎先生は、栃木県安蘇郡小中村（佐野市小中町）出身の小学校教師、父赤尾豊三と母ヨウの長男として群馬県新田郡藪塚村（太田市藪塚町）の藪塚学校教員住宅（官舎）において、明治十六年（一八八三）九月二十一日に誕生したので「赤尾一六」と命名された。後に太田町の医師本島家と縁があって、同医院の寄宿生（使用人か）となり、生活費や学費の支援を受けつつ幼少年期を過ごしたようである。やがて、本島家の長女「竹子」と結婚して姓名を「本島一郎」と改名し、分家本島一郎家の始祖となった。しかし、人生の大部分を東京や新潟、熊本などで暮らしていたため地元の人でも赤尾一六・本島一郎の名を知らないものが多くなっていた。本文では少・青年期は赤尾一六を使用し、本島家の養嗣子になった以後は本島一郎を使用することにする。そして多くの人々に郷土の生んだ偉大な人物を知っていただき、その人物像をご理解いただければ幸いである。

本書は前半を本島一郎の伝記とし、後半は資料編として前半の伝記を補う資史料・写真・系図・諸記録などを記載し、参考資料とした。

以下、諸資料、論文、研究発表などを下敷きに、本島と親交のあった教授の方々や地元関係者からのインタビュー、現地調査を交えて、本島一郎先生の生涯と活躍、業績、人柄の一端を垣間見てみたい。

# 目次

〈寄　稿〉



**資料編**

# 一．少・青年期より聡明の誉れ

## （1）はっきりしない幼年期

新潟大学医歯学部の資料や墓碑銘、菩提寺浄蓮寺の戸籍簿によると、赤尾一六（本島一郎）は群馬県新田郡藪塚村（太田市藪塚町）で、赤尾豊三の長男として、明治十六年（一八八三）九月二十一日に誕生した。

ところで、『藪塚本町誌』にみえる明治六年（一八七三）十月付（小学校の）「開学願書」（資料一参照）によると、一六の父は栃木県管下第十三大区三ノ小区新田郡藪塚村番外七番地胎養寺東因舎と称した公立学校で教員をした人で、教師履歴の項に「栃木県管下第九大区三ノ小区安蘇郡小中村住　平民　赤尾豊造《ママ》（三）　当十月二十二歳　東京府下太田玄齢へ文久三年より慶応元年迄都合三ヶ年間支那学研究御庁下（栃木県下）類似師範学校へ　明治六年八月十三日入校同十月

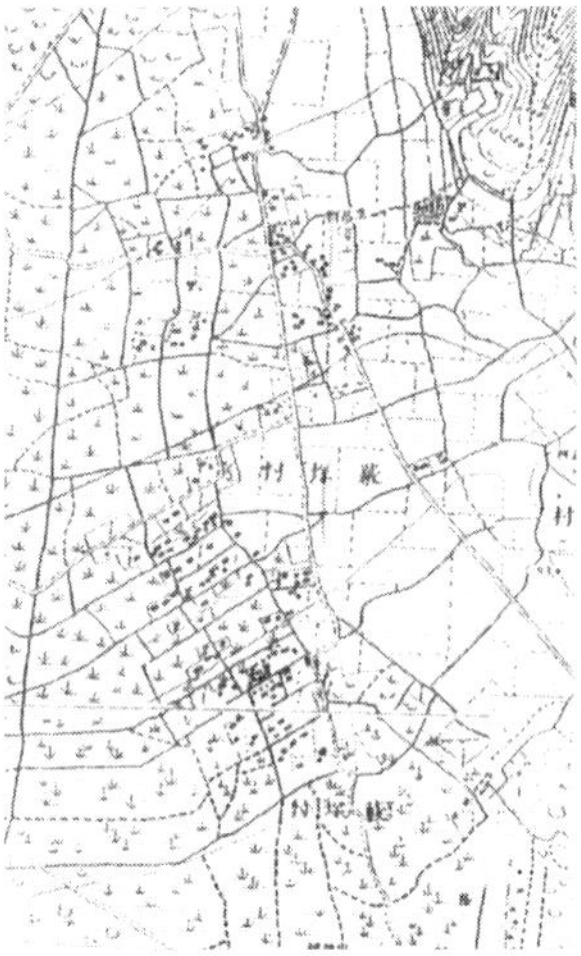

新田郡藪塚村図（明治 17 年）

十四日御派出　小学正則修業」とあり、教師給料は金六円（但し一ヶ月分）と記されている。

　この事実からみると、父赤尾豊三は栃木県佐野の郊外小中村の出身で、江戸に出て漢学を学び、維新後、小学校開設の機運の中で栃木県の師範学校で学び教師の道を歩んだ。そして、藪塚村の胎養寺に設置された東因舎（藪塚小学校の前身）の教員として応募により採用され、おそらく教頭（実質は校長）に就任する予定であったことがわかる。当時、東毛三郡は栃木県に属していたので栃木県下と史料に出てくるのである。『藪塚小学校沿革誌』などでは、赤尾豊三は藪塚尋常高等小学校初代校長と記されている。赤尾校長は藪塚村中原の農家加藤半次郎家に寄宿して東因舎へ通っていた。その後明治十三年四月、藪塚村字六地蔵の地に新しい「藪塚学校」が完成し、その官舎に父豊三・母ヨウ（加藤家長女）は転居し

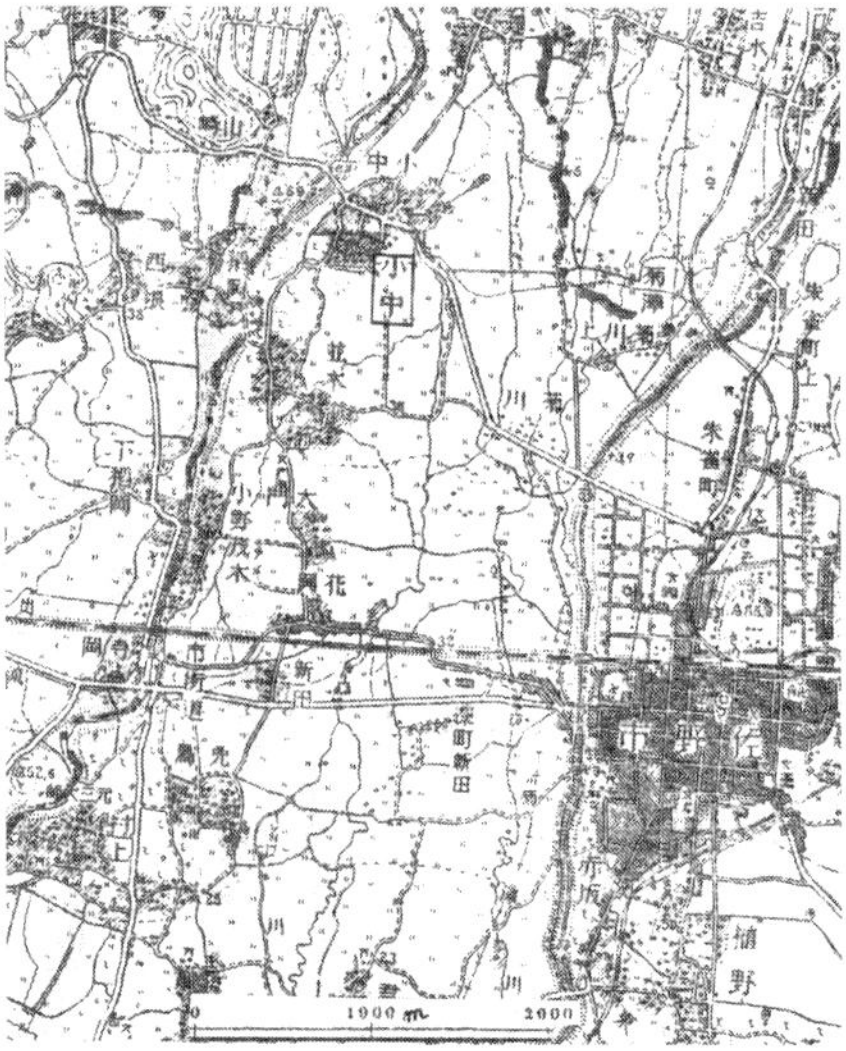

昭和 35 年頃の佐野市小中付近図

た。そこで一六が誕生したので親子水入らずの生活が始まった。したがって父母の結婚は一六が明治十六年に誕生したことから考えると、同十五年頃であろうと推測される（この項に就いては元藪塚本町教育長半田勝巳氏よりのご教示や資料提供によるP57の地図参照）。明治十八年一月、父豊三は藪塚小学校を退任し、新田郡由良村連合の新田第八小学校「由良学校」（由良威光寺）へ転勤したという。その後の動向は不明だが、豊三は長男赤尾「一六」・二男「新」・長女「シヅ」・三男「清（せい）」・二女某の三男二女の五人の子どもに恵まれた。孫には赤尾禎一（小学校長・桐生三吉町住まい）、赤尾祥二（小中学校校長・桐生広沢町住まい）の二人の名が伝えられている。赤尾豊三校長は桐生で終焉を迎えたのではないかという（半田勝巳氏談）。

右の経過から、赤尾（本島）一六は父豊三が三二歳頃に誕生したようである。母は加藤家の長女ヨウで、弟に新、清《せい》があり、女姉妹にシヅと某女があって三男二女の五人きょうだいであった。しかし一六の幼少期ははっきりしないところが多い（資料二〈藪塚小学校沿革史参照〉、資料三〈赤尾家の来歴、豊三の家族と子孫たち〉、資料四〈本島本家の来歴等〉資料六〈由良学校・宝泉小学校の沿革・変遷〉参照）。

赤尾一六少年は宝泉地区の由良尋常高等小学校を卒業した後、頭脳明晰で素質があったので、知人の紹介があって太田町六丁目の旧家で勤王の医師本島柳翁・同自柳家の寄宿生（使用人か）に受け入れられて少年期を過ごしていたらしい。

### （2）太田の旧家「本島本家（医院）」の来歴

本島医院は代々医業を継いで約四〇〇年、初代は「高祖本島数馬」と称し、生年は不明だが没年は承応三年（一六五四）十二月十日、戒名は「忠誠善智信士」と過去帳にある。江戸時代初期にこの地に来住し、医師を営んでいたようである。

二代は本島七佐衛門、三代同嘉右衛門、四代目から自柳（初代自柳）を名乗り、当主は以後自柳を襲名し、現医院長悌司氏が十三代目に当たる。但し、十一代目の当主は本島柳之助であるが、自柳襲名を嫌って本名「柳之助」

本島総合病院風景（おおた風土記より転載）

をとおした。柳之助の姉が「竹子」で後に赤尾一六先生の妻となるから、柳之助は一六先生の義理の弟ということになる。

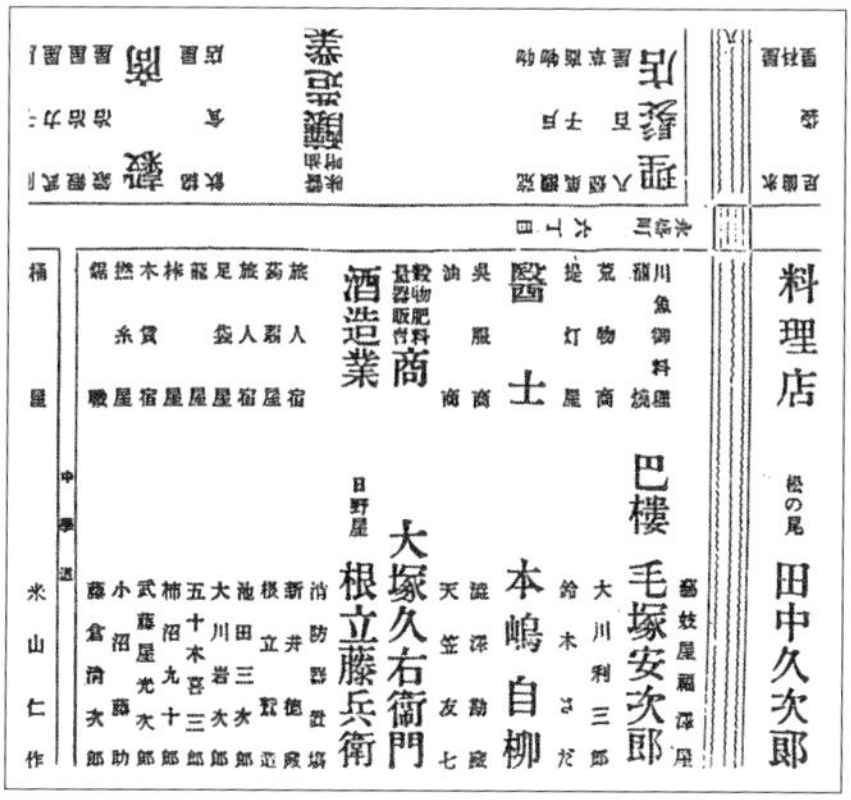

明治 37 年頃の太田町六丁目の家並み
（自柳家あり）

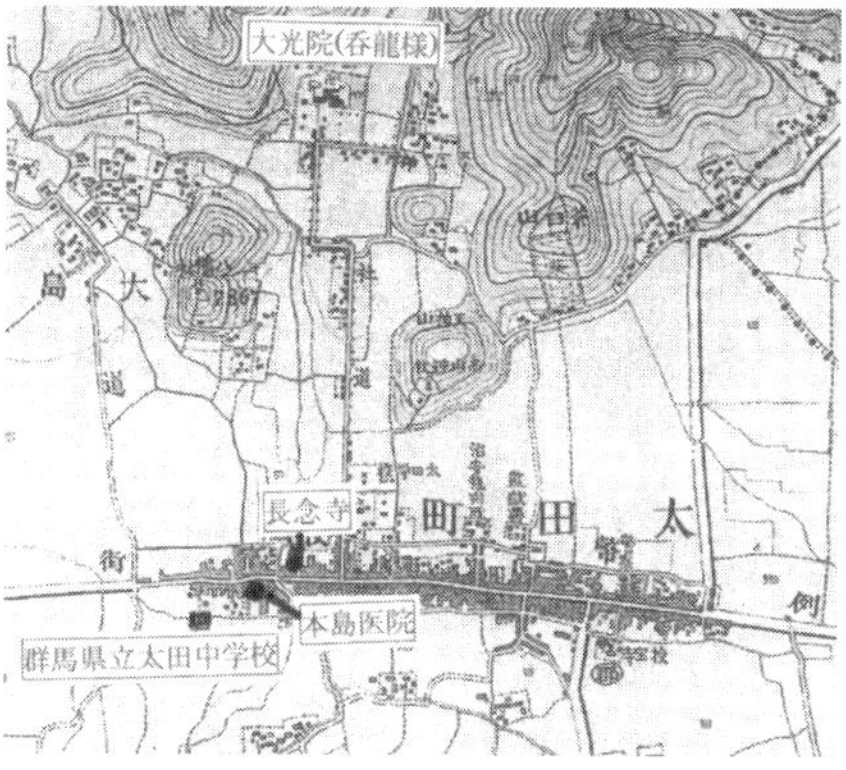

明治 17 年頃の新田郡太田町図

本島家第九代（自柳襲名六代目）の自柳は明治維新回転の激動期を「憂国の士」として生き、医業従事の傍ら政治家として活躍し、群馬県議会副議長となった人物である。明治三十二年に隠居した時「柳翁」と改名した。

本島家第十代（七代目自柳襲名）自柳は北埼玉郡今井村（埼玉県熊谷市）の栗原家より

本島柳翁（9代）

本島自柳（10代）

本島「乙女」の養嗣子として入った。明治十八年四月、埼玉県師範学校を卒業し教職の道を志していたが、乙女との結婚があったため同十九年、一念発起して上京、猛勉強の結果、明治二十一年十一月、内務省施行の「医術開業後期試験」に合格、後に東京帝大医学部の専科に入学し薬学・外科学を専攻した。同二十六年三月太田に帰郷して開業した。医業の傍ら群馬県会議員・同県議会議長の要職を務め、県医師会副会長等の役職をこなし、群馬銀行の基礎づくりに取締役として活躍した（資料四参照）。本島家は代々外科をはじめ肺結核・胃癌・骨肉腫など放射線治療の泰斗として知られた医師を輩出してきた。

### （3）創立期太田中学校（県立太田高等学校）第一回生として入学・卒業

明治三十年（一八九七）四月一日、現在の群馬県立太田高等学校の前身「群馬県尋常中学校新田分校」が発足し、太田町五丁目の長念寺を仮校舎として開校された。同年四月十一日、長念寺において開校式と始業式が挙行された。学校はこの日を「開校記念日」に指定し、現在まで式典と記念講演などの行事を開催し、この日を大切にしている。平成二十九年度（二〇一七年度）は、創立一二〇周年記念の年に当たるので、盛大な祝賀行事が実施されている。

この第一回生の中に赤尾（本島）一六（一郎）君がいた。開校当初の学則は、学年規模は二学級編成で定員一〇〇名（第一回入学生は九五人だった）とし、修業年限は三年制、週授業時間は二八時間、授業料は年間十一円（八月を除く）だった。翌明治三十一年（一八九八）四月五日、待ちに待った新校舎が六丁目南に落成し、この日に長念寺から移転した。現在地の住居表示は太田市西本町一二―一となっている。当初の校地は二七八四坪、校舎の建坪は二二一坪だった。本島家や大塚家をはじめ太田町内の有力者が積極的に土地を提供して新校舎の建設に協力してくれた。

明治三十三年（一九〇〇）四月一日に新田分校から独立して「群馬県太田中学校」と校名変更がなされ、更に翌三十四年六月二十一日には校名が「群馬県立太田中学校」と改称された。この校名が昭和二十三年施行の新しい太田高等学校の発足まで永く親しまれたのである。

明治三十三年の独立時に初代校長三浦菊太郎が赴任し、修業年限が五年制となった。前

三浦菊太郎校長

年の明治三十二年八月から、早くも「野球部」が動き始め、同三十三年六月には「野球部」「テニス部」「撃剣部」「柔道部」などが発足し、校内大会や対外試合も行われるようになった（『太田高校九十年史』）。このような創立期であったから、学力充実・生活規範の確立・部活動の活性化など建学の精神と校風の確立、進学実績の高揚が喫緊の課題であったと思われる。校訓「文武両道」「質実剛健」が制定されて今日に至る。

明治三十五年（一九〇二）三月二十六日、第一回卒業証書授与式が挙行され、第一回卒業生五八人が母校を後にした。その中に赤尾（本島）一郎がいた。同校の『同窓会名簿』の第一回生の二人目の所に、赤尾（本島）一郎と名前が載っており、最終学歴が「東大」、勤務先として「元新潟医大学長」「第五高等学校校長」と記されている。

定員一〇〇名（実入学者九五名）だったが卒業は五八名とあるのを見ると、学費や通学困難、病気等で学業を中途

長念寺山門風景

で断念した生徒も多かったと思われる。赤尾（本島）一六は本島家に寄宿して医院の手伝いをしたり、雑務をこなしたりしながらも自柳先生の支援、激励を受けながら卒業を迎えることができて、本島家に対し感謝の気持ちで一杯だったと思われる。

## （4）旧制第二高等学校から東京帝国大学医科大学へ

赤尾（本島）一六は優秀な成績で太田中学校を卒業した後、明治三十五年（一九〇二）四月、仙台の旧制第二高等学校（現・東北大学）へ進学し、医学を志して猛勉強をしたようである（一浪したとの説があるが真偽不明）。同高等学校を卒業するとすぐに難関校の東京帝国大学医科大学（東京大学医学部）を受験し、見事に合格して明治三十八年（一九〇五）四月、最高学府の同大学へ入学することができた。在学中は明晰な頭脳と真面目な性格を以て勉学に励み、栃木県足利町（足利市）出身の田代義徳教授に師事して、整形外科学を専攻し、広範な知識と技能を修得していった。やがて医師免許を取得し、医師として力強く歩みを進めていった。

## 二．新潟医専・新潟医大で整形外科学と医療技術の種を播く

### （1）兵役を経て本島竹子と結婚、本島姓を名乗る

明治四十二（一九〇九）年十一月、東京帝国大学医科大学を卒業すると同時に、一六医師は一年志願兵として兵役に服し、陸軍三等軍医に任ぜられた。

退役となった翌四十三年（月日不詳）、少年期からお世話になってきた本島本家本島自柳の長女「竹子」と結婚して新たな家庭生活に入った。この時入籍して「本島」姓を名乗ることになって本島一郎と改名した。

やがて男子三人（健一・達二・哲三）と女子一人（千代子）の四人の素晴らしい子供達に恵まれた。

### （2）東京帝大医科大学に奉職

明治四十五年（一九一二）一月、本島一郎先生は東

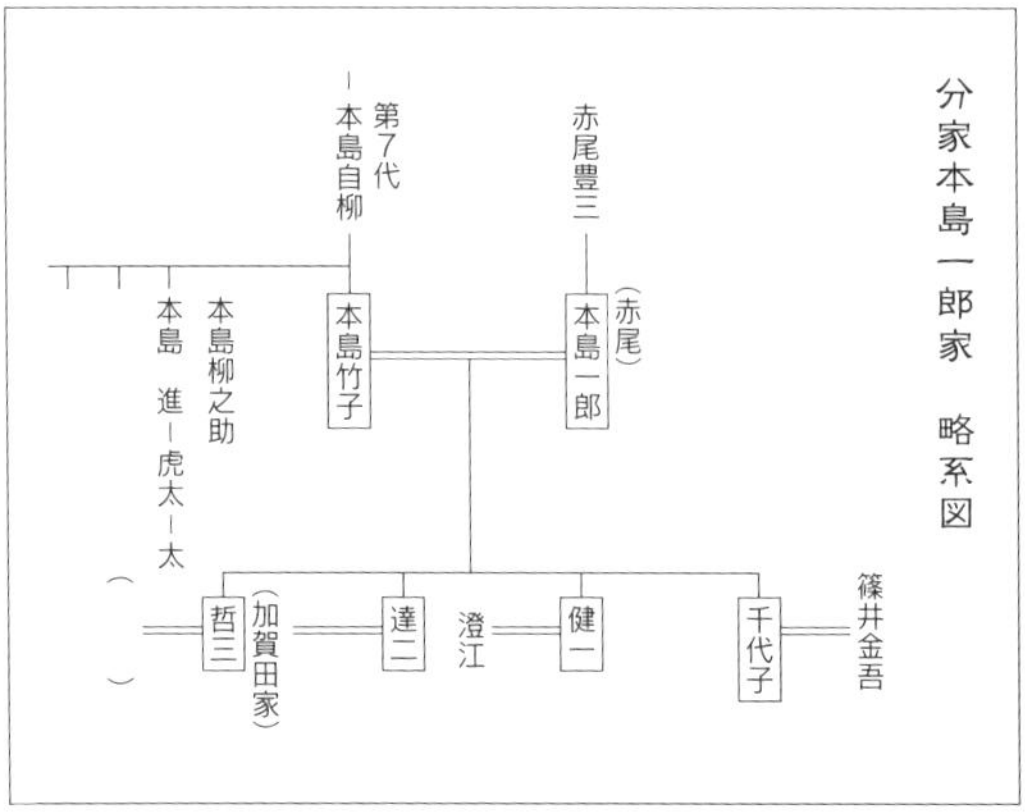

京帝国大学医科大学に「副手」として奉職することになり、医局長に任じられた。この年以後一年間、恩師田代教授が海外留学に出ている間、外来診療、教室での講義、実技指導などに従事し、関係者から「本島の技術は素晴らしい」と高く評価されたと伝わる。大正三年（一九一四）四月、一郎先生は同大学「助手」に任じられた。

### （3）新潟医学専門学校へ着任

三四歳になった本島一郎先生は、大正六年（一九一七）十月六日、恩師田代義徳教授の推薦（命令か）があって、新潟医学専門学校（新潟大学医学部の前身）の「教授」に任命され、同校外科医長を命ぜられた。同月二十五日、竹子夫人を伴って、新潟という見知らぬ町の同校へ着任した。

霖雨の中、新潟駅頭に立った本島夫妻は「新潟とは恐ろしいところだとの感を深くした」と回想している。それは十月二日から県下に大暴風雨が襲来し、三日には新潟市郊外の曽川地内で信濃川の堤防が決壊したため大洪水が発生し、中蒲原郡の低湿地帯から新潟駅付近まで一面の泥沼と化してしまったからである。洪水の傷跡が生々しい中、町では農民救済の義援金募集活動が始まり、荒涼とした災害の跡にどんより曇った新潟の秋の風情が加わったから、「恐ろしいところ」と一郎夫妻が感じても不思議ではなかったようだ。

空っ風の吹き始める爽やかな秋の上州から赴任した二人は「辺陬の地に流されてきた」との感が深かったようである。一郎先生は「恩師田代義徳教授の御命令とあれば致し方なし」との悲壮な覚悟であったと回顧されている。

地元の「新潟新聞」は大正六年（一九一七）十月二十五日（夕刊）で、本島教授の来任を次のように報じている。

『本島外科医長二十五日着任、今回新潟医専教授に任ぜられ、同外科医長に命ぜられたる医学士本島一郎氏は（中略）四十二年の東大卒業生にして一年志願兵として軍隊生活を了したる後、東大医科大学講師となり整形外科田代博士の下に久しく研究に従事し、殊に同博士外遊中の一か年は博士代理として外来患者の診療並びに講義に従事し、その技既に令聞あり。今回池田校長の懇請により来校する事となれるものにて、医学校も茲に至り人材悉く集め得たるものとし非常なる期待を以て迎えられ居れり』

一郎先生の招聘に新潟医専池田校長の懇請があったことも分かる記事である。着任後間もない大正六年十月三十一日、天長節の祝賀会が行われた後、引き続いて本島整形外科医長の新任披露式が行われたという。

## （4）東大・京大・九州大に次ぎ新潟に日本で四番目の整形外科教室誕生

右の「新潟新聞」の記事で、初めて「外科医長」の名称の下で本島教授の名が正式に収載されたのである。現実には新潟医専の外科教室における「整形外科医長」という形であった。整形外科が独立して設けられたといっても、助手は池田第一外科と共通であり、病棟では看護婦が第一外科と整形外科とでは別にいるという状態であったという。本島教授が後に回顧していうように「胴体は同じで、頭と足が別々にある」という状態であったようである。

現在の新潟大学医歯学総合病院

整形外科学科の講義と外来診療は大正六年十一月一日から開始された。当初は整形外科の認識も低調で、「整形外科とは何ぞや」から始めなければならなかったという。

同年十一月十八日、第五十三回北越医学会例会の席上、本島教授は「整形外科の領域に就いて」と題して最初の講演を行った。これは学内の医師と新潟地方の医師に対して「整形外科」を啓蒙するためであった。

『学会抄録』に「整形外科の領域に関しては単に非炎症性骨疾患のみを取り扱う狭義の意味に解釈するものあれども、今日の見地からすれば骨並びに筋慢性疾患の大部分、その他先天性奇形の如きものも当然当科の領域に属すべきなりとせり（「北越医学会雑誌二一八号三三巻一号、大正七年」）とあるという。初期の整形外科の普及は一から始めなければならない苦労があったようである。

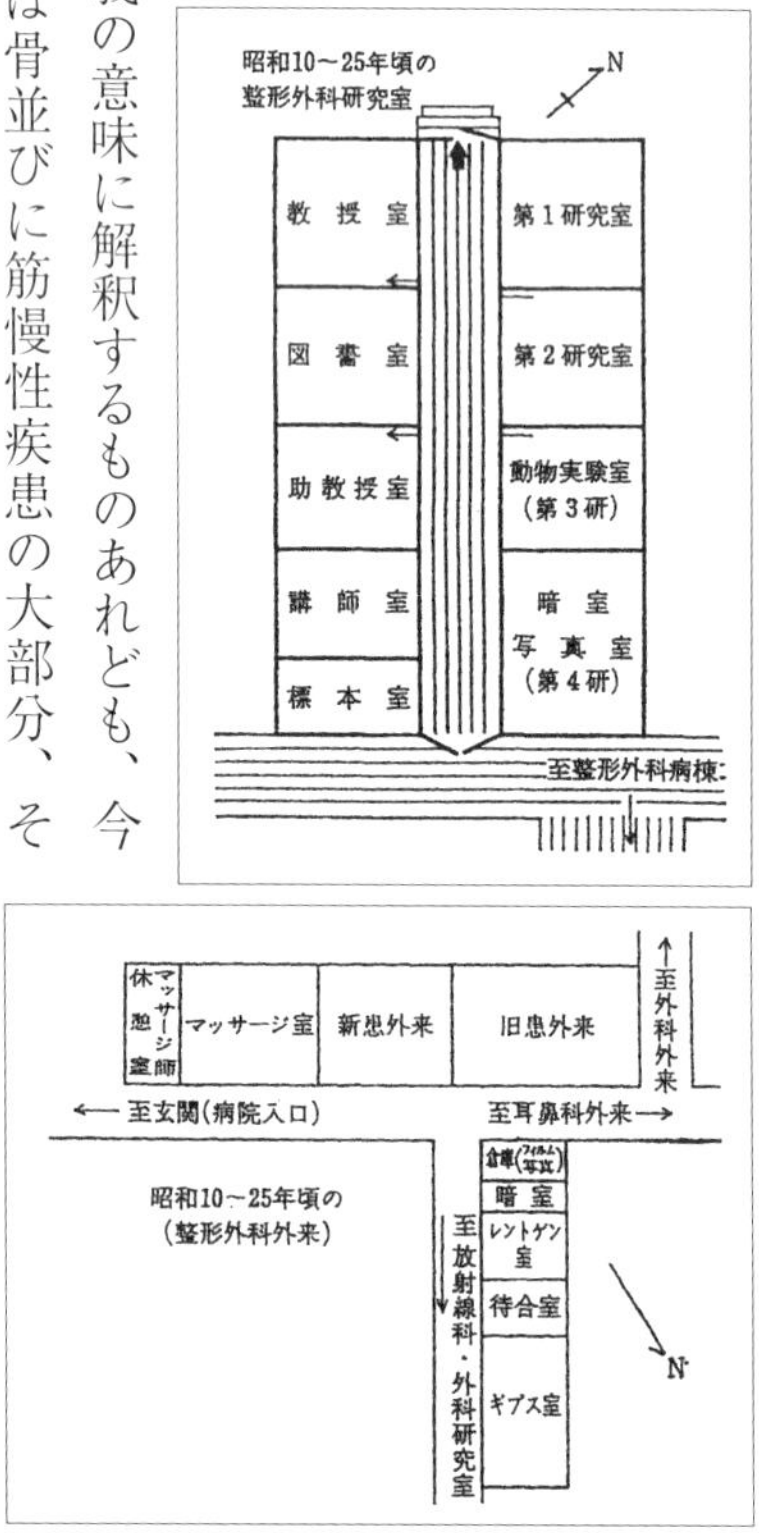

昭和10年～25年頃の新潟医大
整形外科研究室・外来棟配置図

## (5) 新潟大学医歯学部の略史

ここで新潟大学医学部の沿革を簡単にふりかえっておこう。

明治二年（一八六九）五月、「施蘭薬院」が開設されたが同年九月に廃止、翌三年には「共立病院」が開設されたが同六年二月廃止などと改廃が変転した。同六年（一八七三）、県令で新潟町の町会所内に医学教場が設けられ、これが明治九年（一八七六）四月、「県立新潟病院医学所」となり、さらに、同十二年七月には「県立新潟医学校」附属病院と改称、同二十二年には市制施行したことにより「市立新潟病院」と改称された。曲折を経ながらも次第に医学校と病院が整備されていったが、生みの苦しみを味わってきたようである。

明治四十三年（一九一〇）三月、文部省直轄諸学校官制改正により官立「新潟医学専門学校」・附属医院〈新潟医専と略称〉が創立され、以後一二年間継続された。

大正十一年（一九二二）三月、官立医科大学官制の施行により官立「新潟医科大学」・附属病院〈新潟医大と略称〉が開設されて、これが戦後の大学改革まで続いたのである。

昭和二十四年（一九四九）五月三十一日、国立学校設置法の公布により六学部よりなる新潟大学が設置された。

これにより新潟医大は新潟大学に包括されて「新潟大学医学部」・同付属病院と改称され、診療科が次の一一科（第一内科・第二内科・外科・整形外科・産婦人科・皮膚泌尿器科・眼科・耳鼻咽喉科・小児科・精神科・放射線科）に整備された。

その後、昭和三十一年五月に歯科が設置されたが、同四十二年六月、医学部と歯学部のそれぞれ附属病院が独立して、歯学部の充実発展が図られた。

やがて、平成十五年（二〇〇三）十月、新潟大学は医学部と歯学部を統合し、病院も統合されて、「新潟大学医歯学総合病院」が設置された。診療科は第一内科・第二内科・第三内科・精神科・小児科・第一外科・第二外科・整形外科・形成外科・小児外科・皮膚科・泌尿器科・眼科・耳鼻咽喉科・放射線科・産科婦人科・麻酔科・脳神経外科・神経内科・口腔外科・口腔保健科・歯の診療科・噛み合わせ診療科の二八科、この他に、中央診療施設一八部、院内措置施設五部、薬剤部、看護部、診療支援部、事務部が置かれるなど、大きな改革がなされた。その後時代の進展や医療技術の進歩、治療需要の多様化などを背景に新たな「部」を設置したり、廃止や再編などがあり、平成二十八年度（二〇一六）四月現在で合計三四診療科となっている（『新潟大学医歯学総合病院２０１６〔平成二十八年度概要〕』の「沿革」より抄録）。

新潟大学医学部の『整形外科学教室』の名称変遷は次のとおりである。

開設当初………「新潟医学専門学校整形外科学教室」

開設年月日は大正六年（一九一七）十月二十五日

本島一郎初代教授は大正六年十月六日に任命され、十月二十五日に着任した。

大正十一年……「新潟医科大学整形外科学教室」

昭和二十四年…「新潟大学医学部整形外科学教室」

平成十三年四月より……「新潟大学大学院医歯学総合研究科機能再建医学講座整形外科学分野」

開設以来の同門者数は五三四名、現在の同門者数四二八名という（同右文献『平成二十八年度概要』による）。

# 三、北越地域・全国の整形外科学界で大活躍

## (1) 活発な研究・報告（発表）活動

本島一郎教授は着任早々、先に述べたように新潟医専の先生や県内の医師たちに整形外科とは何ぞやという啓蒙講演を行った。以後北越地域や全国的な学会等の講話、それを論文として発表した成果を一覧にすると下表のとおりである。

**新潟医科大学学長　本島一郎教授著書・論文及び研究発表**

I．著書・論文

| | | |
|---|---|---|
| 大正7年（1918） | 「整形外科ノ領域ニ就イテ」 | 北越医会誌, 33（1）: 82, 1918. |
| | 「移植骨片ノ運命ニ就イテ」 | 日外会誌, 19 : 140, 1918. ※北越医会誌, 33（3）: 209, 1918. |
| | 「先天的股関節脱臼」 | 北越医会誌, 33（6）: 561, 1918. |
| 大正9年（1920） | 「窒扶斯性脊椎炎ノ一例」 | 北越医会誌, 35（4）: 287, 1920. |
| | 「先天性股彎症ノ一例」 | 北越医会誌, 35（6）: 426, 1920. |
| 大正10年（1921） | 「頸骨肉腫」 | 北越医会誌, 36（3）: 301, 1921. |
| 大正13年（1924） | 「外科的結核治療法ニ就テノ私見」 | 北越医会誌, 39（4）: 445, 1924. |
| | 「骨端瘢痕ニ就テ」 | 北越医会誌, 39（6）: 705, 1924. |
| 大正14年（1925） | 「下肢麻酔法トシテノ腰髄麻酔ノ価値」 | 北越医会誌, 40（3）: 505, 1925. |
| | 「少年時長管状骨殊ニ頸骨ニ来タル骨膜下骨折ニ就イテ」 | 北越医会誌, 40（5）: 866, 1925. |
| 大正15年（1926） | 「所謂月様骨軟化症ニ就テ」 | 日整会誌, 41（1）: 188, 1926. |
| 昭和2年（1927） | 「奇形性関節炎殊ニソノ成因ニ就イテ」 | 日整会誌, 2 : 132, 1927. |
| | 「骨折ノ手術的治療」 | 北越医会誌, 42（2）: 301, 1927. |
| 昭和3年（1928） | 「Apophyseopathie（宿題）」 | ※日整会誌, 3 : 1, 1928. |
| 昭和5年（1930） | 「小学児童ノ姿勢ニ就イテ」 | 日整会誌, 5 : 82, 1930. |
| 昭和11年（1936） | 「慢性膝関節水腫ニ対スル滑液膜切除術ノ治療的価値」 | 日整会誌, 11 : 111, 1936. |

Ⅱ．学会発表　日本整形外科学会

| | | | |
|---|---|---|---|
| 第 1 回 | 大正 15 年（1926）4．3 | 東京 | 「所謂月様骨軟化症に就て」 |
| 第 2 回 | 昭和 2 年（1927）4．2 | 京都 | 「奇形性肘関節炎、殊にその成因に就いて」 |
| 第 3 回 | 昭和 3 年（1928）4．2 | 東京 | 「Ａｐｏｐｈｙｓｅｏｐａｔｈｉｅ（宿題）」 |
| 第 4 回 | 昭和 4 年（1929）4．5 | 新潟 | （本島一郎会長） |
| 第 5 回 | 昭和 5 年（1930）4．3～4 | 大阪 | 「小学児童の姿勢に就いて」（杉立義行と共に） |
| 第 7 回 | 昭和 7 年（1932）4．2～3 | 東京 | 「アルビー氏手術について」 |
| 第 11 回 | 昭和 11 年（1936）3.31～4．1 | 名古屋 | 「慢性股関節水腫に対する滑液膜切除術の治療的価値」 |

### （2）文部省より国費で、二回海外研修に派遣

本島教授は文部省派遣の医学研修生として、二回海外へ出張を命ぜられた。

一回目は大正十年（一九二一）十一月二十五日から同十三年三月までの二年四カ月の研修であった。本島教授は小池（解剖）、横田（生理）、林（小児科）らとともに横浜から日本郵船箱根丸に乗船してヨーロッパへ向けて出発した。主にドイツ・オーストリア・イギリスへの在外研修で、オーストリアのウイーンではローレンツ、スピッチーに、ドイツのベルリンではゴホトに就いて研鑽し、ミュンヘンではフリッツ・ランゲなどを訪問し、発展しつつあったヨーロッパ、とくにドイツの整形外科学界をつぶさに見聞し、肌で体験したことは大変有意義であった。それに、西洋医学全般や欧州の社会や人々に接し視野を広げるのに役立ったし、ドイツ語を完全にマスターしたことにも役立っ

たと思われる。この外遊は新潟医専が新潟医科大への昇格に伴う教授陣の充実を図る狙いもあった。

ヨーロッパ滞在中に、日本では大きな事件が起こり、大変なこととなった。

大正十一年三月三十一日、官制の制定で新潟医学専門学校は「新潟医科大学」へ昇格が決定し、初代学長には池田廉一郎教授が就任した。本島教授は新潟医科大学付属病院長に就任が決まった。

翌大正十二年九月一日、東京を中心とする地域に「関東大震災」が発生し、多くの死者・行方不明者、数知れない怪我人が出て、社会全体が暗澹たる気分に落ち込んだ。新潟医大からも東京へ医療救援隊が編成されて罹災者の救済、診療に当たるため多くの医師・学生たちが派遣された。この情報が伝わると本島ら研修団は急遽帰国しなければならなくなった。

二回目は昭和八年（一九三三）十月三日、再度ヨーロッパ方面への海外研修を命ぜられ、この日出発した。やはりドイツを主としてヨーロッパ各国の整形外科施設を視察・研修して翌年四月頃帰国した。

一九三三年一月二十日、ドイツではヒットラー人気が沸騰してこの日にナチス政権の独裁が確立した。本島教授は整形外科の研修の傍ら、ヒットラーの幻影と虚像にかなり共鳴し、勤労奉仕の精神・右手拱手の敬礼などに陶酔して帰国したといわれている。帰国後本島教授は「日独協会新潟支部」支部長に推挙されている。

## (3) 新潟医科大学教授、同附属病院長、同大学長に就任

本島教授の新潟着任後の最初の学術論文は「移植骨の運命に就いて」である。東京帝大医科大学整形外科教室時代にまとめた論文は大正二年に「秋田県下における骨軟化症十一例」、大正五年に「奇形性関節炎の二例」、同年の「結核性股関節炎に於ける股関節ばん縮について」等があり、整形外科的な症例についての専門的な問題を取り上げたものである。

大正七年の臨床講義として本島教授が「先天性股関節脱臼」を発表したことは、二十世紀初頭のヨーロッパ整形外科のオーソドック

昭和18年7月岩船郡
ぶどう亜鉛鉱山にて

スな整形外科的治療体系が初めて専門の整形外科医によって新潟の地に紹介された記念すべき画期となった。

**着任当初の苦労**　本島教授が着任して二年間は専任の助手もなく外科治療室の隣の一室で診療と治療を行うという状態で、外来患者も少なく研究はもとより症例報告にも事欠く状態であったという。本島先生の最初の助手高橋敬三の回顧談によると「着任から一回目の外遊までは本島教授としては冷や飯食いの時代であり、池田教授の命令なので仕方なしに手伝っている池田外科の傭兵を遠慮がちに使った、明けても暮れても兎唇と骨髄炎とギブス巻きの日々が続いた、しかも一国一城の主であるようなないような」時代だったという。その後研究が軌道に乗り、先述のとおり幾多の研究論文・研究発表がなされて、整形外科教室も明るさが見えてきた。

**整形外科教室が外科から分離独立**　本島教授が帰国する直前の大正十三年（一九二四）三月二十八日、池田廉一郎学長が市立有明療養所開所式々場で脳出血の発作で倒れるというハプニングが起こった。そのため、中田助教授は池田外科を主宰することになって整形外科の仕事から手を引くことになった。本島

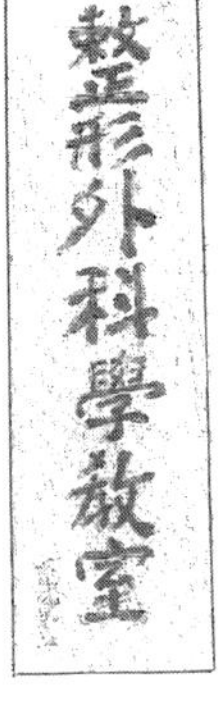

本島一郎先生の筆跡の門標

教授がこの時帰国したので、これを機会に整形外科教室と外科教室が分離することになった。

**本島教授「医学博士」の称号を授与さる**　大正十四年（一九二五）十月二十九日、本島一郎教授は「内分泌腺の影響を顧慮せる管状骨骨端部の組織学的及び実験的研究」という論文を東京帝大へ提出し、同大より「医学博士」の称号を授与された。長年の研究と努力が結実したもので、本島教授は大いに喜んだことであろう。

**日本整形外科学会が独立学会となる**　大正十五年（昭和元年・一九二六）四月三日、第七回日本医学会が東京帝大医学部に於いて開催され、医学会の第一〇分科会として「整形外科学会」の創立が決定した。次いで田代教授を仮議長として「日本整形外科学会の創立総会並びに第一回日本整形外科学会総会」が開催され、ここに日本の整形外科が初めて独立した学会を持つことになった。新潟医大からは本島一郎教授はじめ池田廉一郎教授、中田瑞穂助教授、杉村七太郎教授が評議員となって参画した。この第一回学会で本島教授は「所謂月様骨軟化症に就いて」を報告した。

昭和二年四月二日、京都帝大法経第二講堂において開かれた第二回日本整形外科学会総会が会長田代義徳博士のもとで開催された。この会での報告で五番目に登場した本島教授は「奇形性関節炎、殊に其の成因に就いて」のテーマで発表した。

同三年（一九二八）四月二日、第三回日本整形外科学会総会が東京帝大整形外科教室において会長高木憲次教授のもとで開催された。この会で、本島一郎教授は恩師田代義徳博士の推薦によって宿題（研究）「アポヒゼオパチー」（骨端症）の報告を行った。

この頃、イタリアでは「全医科大学で整形外科を必設置学科とする」ことがきまり、その整備が進んでいた。この情報が日本に伝わると我が国の整形外科学界に大きな刺激と勇気を与えた。新潟医大は専門学校時代にすでに日本で四番目の整形外科学科が設置されていたので、学会における動向も注目されており、当時の新潟医科大の医局員の張り切りようは一様ではなかったという。

**本島一郎教授、日本整形外科学会会長に就任し総会を取り仕切る**　昭和四年（一九二九）四月五日、第四回日本整形外科学会総会が、初めて新潟医科大学第一講義室において、本島一郎教授が会長となって開かれた。

旧来は旧帝大を会場に総会が行われてきたが、ここに地方の単科大学だった新潟医大で実施されたことは画期的な事であった。新潟医大では研究室などの施設や設備が整い、新進気鋭の医師・研究医が入局してきて、本島会長を支えて医局員が一致協力して総会の準備に当たり、運営の円滑化を図った。この総会では一般演題三十四題の内、教室からは六題の報告が行われた。

本島教授が二回目の会長に就任し、総会を仕切ったのは昭和十六年（一九四一）四月六〜七日、新潟医大旧第一講堂において開催された第十六回総会であった。この当時は大東亜戦争突入の直前の時代であったので、映画「興亜の鉄脚」を観たり、支那事変における「戦傷切断患者の特殊治療概要」という講演があったりで、次第に戦時色の濃い内容となっていったが、会は盛会だったという。

本島教授のイラスト画（1）

**本島一郎教授、第四代新潟医科大学「学長」に就任**　昭和六年二月以来医科大学教授と同大附属病院長を併任してきたが、同十一年七月、新潟医大の富永学長が突然辞任するというハプニングが起こった。後任は自他ともに許していた病理学の川村教授が学長になるものと噂されていたが、何と本島教授が第四代「新潟医科大学学長」に選任されてしまった。

本島一郎病院長

時に昭和十一年（一九三六）七月十八日であった。以後昭和十九年九月九日に定年退職するまでの二期約八年間にわたり本島学長時代が続いた。教室の実際面は杉立助教授が一身に担当することになったという。ちなみに、敗れた川村教授は翌十二年四月、慶応大学医学部に転出したという。

昭和十六年十二月八日、真珠湾攻撃から太平洋戦争が始まると一気に戦時体制に突入し、医学界も戦争協力を余儀なくされていった。

戦時下の医師育成が急務となり、新潟医大にも「臨時医学専門部」が併設され、軍医要員の速成教育が始まった。本島学長は退官まで臨時医学専門部主事と新潟医大学長の職務を兼ねることになり、大変忙しい状況になっていった。そして医師報国団の結成など戦争協力の道を突き進んだ。

大学では、昭和十六年卒業者から三カ月繰り上げ卒業を実施し、十七年からは六カ月繰り上げ卒業、十九年には一年繰り上げ卒業させて軍医要員を陸海軍などに送り込んでいった。こんな医学教育が行われていた時代に、学長を務めた本島学長の苦労は並大抵ではなかったようである。学長は重い責任を負いつつ学内の連絡・調整に奔走することが重要な仕事となっていった。

**定年制を主張して学長を退任**　本島教授は日ごろから「大学教官にも定年制を設けるべきだ」と主張していたという。それを実践すべく自身が六十歳となる昭和十九年（一九四四）

九月九日、後事を第五代の橋本学長に託して退任することになった。日頃愛唱していた孟子の「君子に三楽あり。天下の英才を率いてこれを育す、これを最楽として……」の章句を残して新潟医大を去っていった。新潟医学専門学校着任から新潟医科大学退任までの二十七年間は、日本における整形外科の啓蒙期の一齣に過ぎないといわれるが、本島一郎教授が北越の地に整形外科の「一粒の麦」を播かれ、多くの後進の育成に尽力し、医学的にも大学教育発展の面でも、大きな功績を残した先駆者であったことは、長く語り続けられるであろう。

# 四．新潟医科大学時代の本島教授の人物評価

**（1）新潟医科大学整形外科教室『開講六〇周年記念業績集』の記事から**

「本来リベラリストだった本島は、左翼医師も右翼医師も、もて余しの乱暴医師も広く抱擁して、その教室に遊よくさせる人物であったが、学問の張り切り派からは『不勉強の独裁学長』にも見えたし、『ヒットラーの挙手の礼をまねするファシストかぶれ』ともみえたようである」と『開講六〇周年記念業績集』に書かれている。

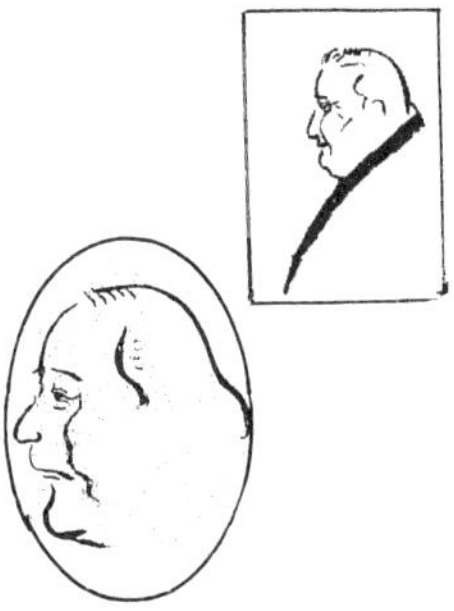

本島一郎教授のイラスト（2）

**（2）昭和十五年発行の「医事公論一四四一号」の「人物評論（六二）本島一郎論」（H・H）の記事より**

この人物論は、H・H氏が本島一郎の人物論を述べたものであるが本島教授の人間性が摘出してあるので参考に列挙してみよう。

○本島一郎が新潟医大の自称ボス学長だというのは定評らしい。例えば、でっぷり太って

いた、いかにもつやつやした彼の巨体を観、いかにも円満な彼の顔を見ると、誰しも仕事の上ではあまり期待するような辣腕を振るうような好人物だとは見えなかろう。
○本島が担がれて（椅子に据えておこうと考えられて）いたように見えた初期の学長時代は、確かにそのようなところがあったし「ボス学長」の定評も不自然ではなかった。
○消極的で陰険、あまり治績を挙げなかった先代の富永に代わって、本島一郎が新潟医大の病院長になった。従来影の薄かった本島はここで初めて新潟医大の内閣に列したわけだ。しかし、本島はとかく他人の目を引く業績をどしどしやった。附属病院が従来の殺風景なお役所経営を止めて、ようやく今日の容貌を示してきたのは本島の手腕に由来する。本島は非常によく他人の意見を容れる。彼が学長を立派にこなしているのも、みんな彼の素直で他人を容れ、用い、行うことに由来するので、彼がボスだといわれるのは、いい意味なのだ。
○本島が学長になったころ、学士会なるものが勢力をもたげだし、教授会や学長をてこずらせたが、彼らの動きには（本島は）乗らなかった。
○本島の学長五年間の内、特に目立った治績は無いらしい。本島が新潟医大の学運のために自ら乗り出し、組合病院、官立病院、私立病院であれ、せっせとはけ口（就職先）を見つけてやるだけの誠意を見せたのは、偉い。
○本島は、昔は高慢で不遜気な、思わぬ敵を作った時代を抜け出して、現在は頼もしい六〇の好々爺になっている。医大学長会議等の席でも、善良で温厚、白髪巨体の柔和な本島を見る。
○どこの学長を見回しても、本島だけの風采の学長は見当たらない。彼が二回目の海外視察の時、ヒットラーの右手答礼を見て感激して、これを真似た。いかにも稚気愛すべきところがあり、それを素直だから平然とやった。本島の人間味が実に好きである。筆者が彼に「先生、いまに学長になりますよ」と言ったら、「馬鹿を言い給うな」と、慌てて（顔が）赤くなったのを記憶している。
○本島が持っていた鷹揚さが、今日（新潟大学）の体質になったといえる。地方大学はどこでも一騒動を起こしてきたが、新潟医大だけは不思議と風雪の中で傷つかずにいた。本島はラッキーボーイだったのかも知れない。
○昭和十三年四月、新卒が入った医局で、本島は「我々医師も刀工が斎戒沐浴するように、手術前には静かに手術の計画を立てて、手術室に入らねばならぬ。手術中、手が震えては、手術はできぬ。野球など（するのは）以ての外」とか、（医者は）「病気を治すのではなく、病人を癒すのだ」などと指導していたようである。

## （3）新潟大学医歯学部大学院整形外科教室関係者からの聞き取り

平成二十八年（二〇一六）八月十七日（水）、群馬県太田市の整形外科医院院長本島太先生と筆者が、新潟大学医歯学部整形外科教室や病棟を見学させていただいた後、新潟大学医学部関係の先生方四人の先生（蒲原宏先生（前列左端）、高橋榮明先生（前列中央）、現職の教授遠藤直人先生（前列右端）、渡邊　慶先生（後列左端））から、本島一郎先生の業績や人物像などについてインタビューをさせていただいた。前項までに述べてある人物論と重なる部分を省略して、要点だけ列挙してみよう。

○終戦時、蒲原先生が鹿児島で本島先生に会った時、先生はやせ細っていたという。

○本島先生はお酒が大好きで、配給の酒を横流しして貰って、飲んでいたようだった。

新潟大学整形外科関係者と懇談
（後列右が本島太氏、中央筆者）

○竹子夫人はなかなか気の強いところがあったが、家庭では一郎先生の頭髪を調髪しているところを見たことがある。また、割と大きい声で、「一郎！一郎！」と呼ぶ声を聴いたことがあるという。

○一郎先生は俳句を少々やったようだが、スポーツは余りやらなかったようだ。ドイツ語は達者で、ドイツ語の漫画本が好きとみえて、研究室で読んでは「アハハハ……」と笑っていたのを記憶している。

○一郎先生は豪放磊落の人柄で「他学科で持て余した奴は、俺の所へ持って来い」という人だった。ある時は大事な顕微鏡をどこかへ無くしたこともあったという。

○一郎先生は右翼的な傾向であったので、学生ともぶつかることもあったようだ。しかし、左翼系の者も引き受けて面倒を見たようだ。

○終戦間近の頃は、軍事情勢が悪化する中、軍事訓練や防火訓練に熱心に取り組まれたようだ。大学では学長という重責があり、予算獲得などでも奔走していたようである。しがって、手術や論文書き、研究発表などほとんどしなかったが、当時はそれで通っていたようだ。昭和二十年の卒業生は一年早く繰り上げ卒業をした。その頃は医師試験を受けさえすれば医師免許がもらえ、医師になれたという。

○一郎先生は「日記」は書いていなかったと思う。

## 五. 熊本の旧制「第五高等学校」校長として招聘さる

### （1）遠い九州熊本へ単身赴任

昭和十九年九月九日、新潟医科大学を学長で定年退職した本島一郎先生は少しの間公務を離れ、ゆっくりした時間を持てたようである。こうした時に、当時の文部大臣田中耕太郎が「第五高等学校の校長が空席になっているので、校長として着任しないか」と話を持ってきた。一郎先生は即座に応諾したという。この間に一郎先生は従三位勲二等に叙せられていたので、天皇に拝謁するとき、勲三等の県知事より上に叙せられていたという。熊本の人々は、「新潟医大の学長までした先生が熊本の第五高等学校長になってくれたのはどうしてなのだ」とか、「有難いことだ」などと話していたという（一郎教授の義理の甥にあたる本島虎太氏談）。また、一郎先生の夫人竹子さんは、「遠い熊本などへ移住するのは嫌だ、行かない」と言ったので、結局、本島一郎先生が単身赴任することになったという。こうして昭和二十年の三月中に奥様を新潟に残して、三六時間汽車に揺られて熊本に向かった。住み慣れた新潟を離れての単身赴任だったから、熊本で家政婦を雇って食事や生活の世話をして貰ったらしい。

竹子夫人は新潟時代から夫の一郎先生の面倒を細かに見ていたし、近所付き合いや大学関係者へのもてなしも心配りが行き届いて、一郎先生の至らざるところを補い支えていたという。熊本行きを嫌がったのも子供や孫の面倒を見る必要があったこと、知人・友人が新潟に沢山いて、そうした人々を大切にする心配りが大事だと考えたことなどがあってのことだろうと想像されるという（本島虎太氏談）。その背景には実家の太田で大勢の兄弟があり、母親の乙女が早く亡くなったため、長女の竹子に大きく責任感と負担がかかったため、気丈に行動する性格が培われたと推し量れるという。

## （2）義理の甥本島虎太氏と一時官舎に住む

本島本家の柳之助と竹子夫人の弟に当たる人が本島　進氏で、進氏の長男が本島虎太氏である。故に虎太氏は本島一郎先生の義理の甥にあたる。

本島虎太氏は父の進氏から「熊本の第五高等学校に進学するよう」に勧められた。第五高等学校は九州はじめ中国・四国地方では指折りの学校で、各中学校から優秀な生徒が憧れて進学していることを、京都大学政経学部卒業の父が知っていたからであった。虎太氏は医学系コースで猛勉強し、やがて長崎医専・熊本医専に見事合格したが、結核に罹ってしまい、群馬県太田市の本島病院に入院、治療に専念することとなった。病気は快復したが、そのまま本島病院に勤めることとなり、病院の整備・拡充・発展に全力を尽くし事務長として活躍した。やがて三七歳という若さで、太田商工会議所会頭に抜擢され、長く商工業界の発展と地域社会の福祉の充実と向上に尽力された県下でも広く知られた人物である。

虎太氏は昭和二十年三月、群馬県立太田中学校を卒業し、同四月より第五高等学校に入学した。ちょうどその時、大叔父の本島一郎先生が校長として着任したのである。運命的な出会いというべきである。一時的であったが虎太氏は一郎校長の官舎に仮住まいをしたそうである。やがて寮生活に入ったので、一生徒と校長先生という関係もあって、一郎校長とはあまり話はしなくなったという。

一郎校長は本をよく読んでいる所は拝見したし、煙草をふかしながら散歩する姿をよく見かけたという。また、エチケットを大事にしていて、「入浴は奇麗に入れ」などと細かな生活指導をしっかりしていたという。一方で生徒たちの行事でファイヤーストームを見かけると進んで参加したという。また、有名な女流バイオリニストを呼んでバンカラの五高生達に聴かせたりした。情操教育にも意を用いた校長だったという。

昭和二十三年三月、本島一郎校長の退官式があったときのエピソードが面白い。一郎校長は少し酔っていたように見えたが、あいさつに壇上に上がり、「諸君！ごきげんよう！」と短くにこやかに言い、あっさりと退席していった（本島虎太氏談）という。

# 六、病気により惜しまれながら享年七〇で新潟にて逝去

## (1) 新潟に帰り、病気を患って闘病生活

昭和二十三年(一九四八)三月、三年間の第五高等学校校長の職を退任した一郎先生は、竹子夫人が待つ新潟へ帰ってきた。第二次大戦後の深刻な食糧不足、社会不安の世相の中を単身赴任という三年間であったから苦労も多かったと推測される。

新潟に帰ってみると、自らの家屋敷は進駐軍に接収されていたので、新潟市松浪町の有山教授(教員たちの似顔絵イラストを書いた先生)の住宅を借用して住んでいたという。

退官後は、新潟医科大学名誉教授・日本整形外科学会名誉会員に挙げられ、宮尾病院の顧問として医療活動にも若干携わったようである。また、新潟ロータリークラブ初代会長にも挙げられていたようである。

新潟で悠々自適の生活を送っていたが、医者の検診や尿・血液検査は積極的には受けておられなかったという。解剖に当たった赤崎兼義教授の証言によると、一郎先生は堂々たる肥満体であったが晩年には体重僅か四四キログラムまで激痩せしていたという。熊本での単身赴任で無理がたたったのか、一郎先生は高血圧症を患い、晩年次第に脳動脈硬化の

症状を呈してきていたことは知られていたようである。

看護に献身的に従事した昆田敏子さんは手記に「（死の直前）一郎先生は高熱のため顔面紅潮し呼吸速迫、意識朦朧として憔悴されていた。朝洗顔の後は窓を開けて庭を見たりして穏やかに過ごしておられた。食事はアイスクリーム・クリーム・卵・果汁を出すと美味しそうに召し上がっていた」という。

昭和二十六年の夏ころ、軽い脳溢血の発作を起こしたといわれ、翌二十七年二月頃より衰弱が加わり、肺炎を併発して病状が悪化していった。

**（2）昭和二十七年三月十一日、午前六時頃逝去、享年七〇であった**

一郎先生は肺炎を起こし高熱が続く中、ペニシリン・ストマイの注射、オーレオマイシンの服用、リンゲル・ブドウ糖・ビタミン・乾燥血漿などと、あらゆる治療を続けたが快方に向かわず、ついに同年三月十一日の早朝六時に逝去された。満年齢では六九歳という若さであった。波瀾万丈、激動の生涯であったといえよう。

葬儀は三月十五日、学士会葬により新潟神宮において神式で盛大に営まれ、各界各層からの参列者が引きも切らなかった。

弔辞は、新潟大学医学部長・新潟医科大学長伊藤泰一氏、友人で教授鳥居恵二氏らが切々と哀悼の辞を述べ、人柄を回想して冥福を祈った。

### （3）故郷の群馬県太田市の大光院に墓を営む

遺骨は夫人竹子さんや子息・子女の手によって、故郷の名刹「義重山新田寺大光院」（通称呑龍様）境内北側に墓所を定めて埋葬され、「本島家之墓」が営まれている。

墓誌によると、一郎先生の戒名は「高達院研譽本学一道居士」（昭和二十七年三月十《ママ》日歿　七〇歳）とある。夫人竹子さんの戒名は「霜月院清譽竹香大姉」（昭和五十三年十一月二十六日歿　八七歳）とある。

太田市大光院境内の
本島一郎家の墓

「本島家之墓」の墓誌には次のように記されている。

「分家本島は元新潟医科大学長、従三位勲二等医学博士
本島一郎に始まる　一郎は明治一六年新田郡藪塚村赤尾
豊三の第一子として誕生　同四三年第七代本島自柳の
長女竹子と結婚し本島家に入る　太田中学校　第二高等
学校を経て東京帝国大学医科大学を卒業後　田代義徳教

授につき整形外科学を専攻す　大正六年新潟医学専門学校教授に任命され　同一〇年独逸に留学　同一三年帰国後　新潟医科大学病院長　同大学長として医学界に貢献すると共に学術研究会議員　日本整形外科学会会長　新潟日独文化協会長　ロータリー倶楽部新潟初代会長等の顕職を兼ね文化向上のために尽力す　昭和二三年第五高等学校退官後は新潟医科大学名誉教授として悠々自適せるも同二七年新潟市において薨去す　同年故郷の地大光院に墓地を定む」

死亡の日については、新潟医大の葬儀記録や弔辞では昭和二十七年三月十一日死去となっているが、太田市大光院の墓誌では三月十日歿七〇歳とある。新潟医大の記録に残る死亡日「十一日」は、弔文や解剖医の所見、看護婦の看病記録からみて正しいのではないかと思料する。

〈寄稿〉

# 一、伯父　本島一郎の想い出

伯父本島一郎と義弟本島進（虎太の父）は一郎の妻竹子夫人（父、進の実姉）の存在もあり仲がよかった。伯父は旧制第二高等学校より東大医学部卒、父・進は旧制第七高等学校より京大政法経済学部卒であり、二人がたまに会うとつきない論争になっていた。伯父が時の文部大臣の推挙により新潟医科大学長を定年後、五高校長に就任した。たまたま昭和二十年、戦後であった。父が強く私に五高受験を希望したこともあり東京で受験出来、運良く合格した。

五高に入学した時、私は同級生の秀才振りに驚かされた。文科の人は殆ど東大に入学し、理科の生徒は全員に近く国立に入学した。伯父はドイツ留学が永く語学はもちろん、ヨーロッパ文化の造詣も深く、いささか古いが誇り高き五高の教授、生徒に多大の感銘を与えたと思っている、伯父は官舎でよく本を読み、散歩し、時に夜半生徒のストームに参加した。又当時高名の女性バイオリニストを招聘して生徒に聴かせたりした。酒豪であったがつぶれることはなかった。又、竹子夫人は残念乍ら熊本の地に来たことはなかった。

五高退官のとき講堂の壇上に独り現れた校長は生徒約八〇〇人の集うなか、いささか酩酊の様であったが、にこやかに一言「諸君ご機嫌よう」と言い、それだけで壇の後ろに消えた。五高在任は約四年位であったと記憶している。

太田都市ガス㈱取締役会長
太田市観光協会会長
本島　虎太

# 二、本島一郎伝について

今回は、郷土歴史家で高名な茂木晃先生に、当家の先祖について記述していただけることになり、大変感謝しております。

また、現在まで、『太田に光をあたえた先人たち』『太田地域の道とひと』『風土記おおた』『太田風土記』『太田商工会議所　四〇年史星霜』など、当家に関する記述を多数していただいており、本当にありがたいことと感じております（当家記述部分を、もとじま整形外科・糖尿病内科ホームページに収載しております）。

本島一郎については、つい十年くらい前まで、先祖であるのに恥ずかしながら全くといって良いほど知識がありませんでした。

たまたま『日本整形外科八十年史』を眼にしたところ、本島一郎について、日本整形外科の黎明期にあり、整形外科を創始した東京大学の田代義徳教授の直弟子ということが記載してありました。

そこで初めて、父が昔ばなしでよく話していた人物ではないかと頭をよぎり、たまたま同じ専門の整形外科医であるということがわかり、非常に感銘を受けました。

興味をもったことがきっかけで、新潟大学医学部整形外科　遠藤直人教授をはじめ、医局の諸先生方に御面会させていただき、本島一郎の足跡をまた新たに知ることができ、先祖の偉大さに今更ながら、驚嘆しているかぎりです。

自分のルーツの発見とともに、これからの自分の方向性について、多大なる示唆をいただきました。

歴史は続いて行くものですが、記載される方がいないと、そのまま散逸してしまうようです。

つまり、郷土歴史家の先生がいらっしゃらないと、地方の歴史などすぐに散逸してしまうのではないかと思うのです。

当家は、幸運ながら、非常に良い出会いを頂きました。

再度になりますが、茂木晃先生には、心より感謝しております。

素晴らしい書を、当家の祖先も喜んでいることと思います。


もとじま整形外科・糖尿病内科院長　本島　太

「もとじま整形外科・糖尿病内科」医院全景

**資料編**

## 資料一　藪塚学校「開学願書」

開学願書

第十三大区三ノ小区内　藪塚村外五ケ村

学校位置　栃木県管下第十三大区三ノ小区新田郡藪塚村

番外七番地

胎養寺「東因舎」と唱う。

学校費用概略

金二十一円二十五銭（但し一ヶ月分）

内

金十二円七十五銭　教員給料

金二円　事務掛給料

金一円　役夫給料

東因舎の置かれた藪塚町の
胎養寺山門と本堂

金七十五銭　　　試業褒賞料
金一円七十五銭　借家営繕予備
金一円　　　　　書籍器械修補料
金二円　　　　　諸雑費臨時共

教師履歴

栃木県管下　第九大区三ノ小区安蘇郡小中村住
平民　赤尾豊造《ママ》（三）
当十月　二十二歳

東京府下太田玄齢へ文久三年（一八六三）正月より慶応元年（一八六五）十二月迄都合三ヵ年、支那学（漢学＝四書五経など）研究。御庁下類似師範学校へ明治六年（一八七三）八月十三日入校、同十月十四日御派出、「小学正則」修業。

教師給料　金六円　但し一ヶ月分
学　科　但し尋常小学
教　則　但し「小学正則」を用ゆ
塾（学）則

一、入校前、姓名、年齢書を以て事務掛へ提出する事

但し引請人相立つべきこと

一、束脩（そくしゅう）（入校料）　一人につき金十二銭五厘

一、月謝　　上等生　一か月七銭　自十二才至十四才

中等生　同　五銭　自九才至十一才

下等生　同　三銭　自六才至八才

一、入校の生徒は教師の教戒を固く守るべし、若し違犯候者再三説諭を加え、もちいないものは速やかに追校申しつくべきこと

一、毎日午前八時出校、午後三時退散の事

一、月謝は毎月二日三日両日の内、事務掛へ差し出すべき事

一、四月七日、十一月十一日、並びに毎月十六の日、休日の事。但し、その他、臨時休暇はその時々相達すべき事

一、毎朝名刺を事務掛へ差し出すべき事

一、喧嘩・争論は勿論高笑・放歌等すべて粗暴の挙動致すまじき事

一、課程怠惰又はいわれなく三日以上欠席する者は、その情態に因り或いは終

日温習（既知の知識を忘れぬよう繰り返し習う事）或いは両日乃至五日の間、校内の掃除等申し付けべき事
一、病気又は余儀なき事情にて欠席するときはその都度々々父兄若しくは同輩よりその段、事務掛へ相届けべき事
一、月末毎に生徒一同研究するところの学科を試験し、業の進否に因り賞誉点渉致すべき事
一、校舎放散、途中より他所へ遊歩など固く禁止の事
一、毎年一月四日開校、十二月二十五日閉校の事
右の条々堅く相守るべく事
右の条開学仕りたく此の段願い奉り候也
栃木県下（大小区名省略）新田郡六ヶ村結社総代人
（村名・総代人名略）
明治六年第十月
栃木県令　鍋島　幹　殿
前書之通願出候に付奥書押印仕此段進達候　以上

同大区二ノ小区学区取締

武　藤　道　斎　㊞

右史料は群馬県立文書館所蔵『明治六年学校設立伺指令書』から引用したものである。資料文章のカナはひらがなに変換し読みやすく現代文にしたものである。

右の資料は明治初期開校当初の小学校の内容が具体的に描かれていて大いに参考になる。また、ここに「赤尾豊三」が出てきて、公立小学校での採用状況、簡単な履歴、教員の給料などがわかって貴重である。

別記の『小中村史蹟』にある「赤尾豊三」伝やその他の資料にも全く記載されていない事実が、右の資料に出ていて新しい知見となった。

それは「教師履歴」の項目で「東京府下太田玄齢へ文久三年正月より慶応元年十二月迄都合三ヶ年間支那学研究」とあることである。

これが事実とすれば、赤尾豊三は幕末の三年間、江戸で漢学（儒学など）を学び、帰郷した後父清三郎と共に「尊王攘夷」運動に参加し、出流山蜂起で敗退、佐野の牢獄に明治二年三月まで捕らわれの身となっていたということになろう。その後は右文書にあるように地元で塾の講師をしながら学問に励み、二年半後の二二歳の時、栃木県下であった上州新田郡藪塚村の東因舎という小学校に奉職できて、生活も安定し教育に貢献出来たということになる。

# 資料二　藪塚小学校沿革史（抄）

最初の学校は明治六年（一八七三）十月三十日、藪塚村二二七九―一番地の真言宗「胎養寺」を仮用して「東因舎」として開校し、藪塚小学校の嚆矢となった。明治八年一月、東因舎を「藪塚学舎（学校）」と改称した。

明治九年九月東毛三郡は栃木県の所管を離れ、旧上州の「群馬県」に転属した。やがて新校舎の建築の議が起こり、明治十三年三月末、新しい「藪塚学校」が藪塚村字六地蔵一一六六番地に完成した。太田小学校に次ぐほどの校舎であったという。校舎は擬洋風二階建て（間口九間、奥行五間、瓦屋根）一棟と教員住宅（和風平屋建て）一棟からなり、周囲は木柵を廻らせ、表門は木製白塗両扉で、敷地は四六三坪、普通教室六、教室兼講堂一、裁縫室（又は）物置二、生徒控え所一、教員室一、小使室一、他に戸

「旧藪塚学校跡」の碑
（旧校舎の南の教会に移されている）

長役場が同居していた。校舎写真と藪塚学校校舎図は下のとおりである。

明治二十二年四月、町村制が施行されて「藪塚本町」が成立すると、藪塚学校と本町学校の二校を合一し「藪塚本町尋常小学校」と改称された。しかし、本校を藪塚学校、分校を本町学校に置いたので、旧態と変わらない有様であった。本校・分校が遠く離れていて不便であったため統一校設置が村民の中から要望されてきて、明治二十六年五月、右両校の中央付近の大字藪塚一七四一番地の地に「藪塚本町尋常高等小学校」が完成して、今日に至る（明治四十三年刊『藪塚本町郷土史』）。

**明治六年から同十八年までの「藪塚学校」の訓導（教員・教諭）の変遷**

『藪塚本町誌下巻』にある藪塚学校の訓導の変遷を見ると次頁の表のようである。これによると、赤尾豊三は開校当初から

藪塚学校・明治13年4月
新築されたもの

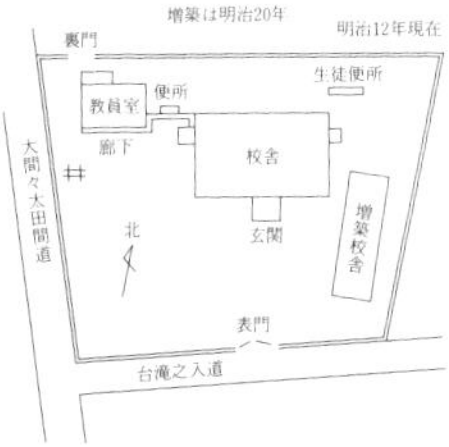


藪塚学校校舎配置図

## 薮塚学校「訓導」の変遷（明治6～18年）

| 年代 | 薮塚地位 | 氏名 |
|---|---|---|
| 明治六年 | 中教頭 | 赤尾豊三 |
| 七年 | 教頭 | 〃 |
| 八年 | 中授業 | 〃 |
| 九年 | 四等訓導 | 〃 |
| 一〇年 | | 欠 |
| 一一年 | 五等訓導補心得 | 赤尾豊三 |
| 一二年 | 準五等訓導 | 〃 |
| 一三年 | 準訓導 | 〃 |
| 一四年 | 〃 | 〃 |
| 一五年 | 〃 | 〃 |
| 一六年 | 大等訓導 | 〃 |
| 一七年 | 訓導 | 〃 |
| 一八年 | 訓導 | 大塩平作 |
| | 教頭 | 鈴木和五郎 |

## 薮塚学校と群馬県・全国の就学出席状況比較表

| 年 | 学齢人員 | | | 就学人員 | | | 就学率 | | | | | 出席率 | |
|---|---|---|---|---|---|---|---|---|---|---|---|---|---|
| (明治) | 男 | 女 | 計 | 男 | 女 | 計 | 男 | 女 | 計 | 県 | 国 | 薮塚 | 国 |
| 7年 | － | － | － | － | － | 96 | － | － | － | 36.6 | 32.3 | － | － |
| 8年 | － | － | － | － | － | 86 | － | － | － | 39.3 | 35.4 | － | 73.2 |
| 9年 | 74 | 79 | 153 | 54 | 56 | 110 | 72.9 | 70.9 | 65.5 | 50.0 | 38.3 | | 74.9 |
| 10年 | 77 | 75 | 152 | 59 | 55 | 114 | 76.6 | 73.3 | 75.0 | 57.5 | 39.9 | 39.5 | 70.8 |
| 11年 | 90 | 88 | 178 | 87 | 85 | 172 | 96.6 | 96.5 | 96.6 | 66.2 | 41.3 | 37.8 | 70.3 |
| 12年 | 94 | 96 | 190 | 79 | 82 | 161 | 82.9 | 85.4 | 84.7 | 68.9 | 41.3 | 44.7 | 59.5 |
| 13年 | 103 | 87 | 190 | 83 | 65 | 148 | 80.6 | 74.7 | 77.9 | 62.2 | 41.2 | 50.7 | － |
| 14年 | 99 | 93 | 192 | 73 | 37 | 110 | 73.7 | 39.8 | 57.3 | 64.3 | 43.0 | 79.1 | － |
| 15年 | 126 | 114 | 240 | 106 | 48 | 154 | 84.1 | 42.1 | 64.2 | 76.3 | 48.5 | 80.5 | 64.9 |
| 16年 | 126 | 114 | 240 | 119 | 59 | 178 | 94.4 | 51.8 | 73.3 | 68.6 | 51.0 | 80.9 | 65.0 |
| 17年 | 190 | 171 | 361 | 119 | 57 | 176 | 62.6 | 33.3 | 48.9 | 64.1 | 50.8 | 45.5 | 65.8 |
| 18年 | 227 | 148 | 375 | 154 | 66 | 220 | 67.8 | 44.6 | 51.8 | 57.7 | 49.6 | 50.0 | 61.3 |

（『薮塚本町尋常高等小学校沿革史』より作成）

中教頭・教頭（教員であり校長職相当）であったから、学校経営や設備備品の準備、教職員人事、対外折衝など多忙を極めたに違いない。その後も制度改正に伴って職名が変わるが教職と管理職を兼ねながら明治十七年まで約十二年間藪塚学校に勤務したことが分かる。

『藪塚本町小学校沿革史』に見る赤尾豊三の業績・人物評価

「赤尾豊三氏は下野国安蘇郡小中村の人なり。明治五年創めて学制を頒布せられ、上下翕然《きゅうぜん》（一致協力）学に向かい、我《わが》藪塚村他五ケ村結社東因舎設立の秋に当たり、氏、栃木県の募に応じて、小学中教頭に任ぜられ、明治六年十月此の地に来任せらる。実に我校教員の始祖なり。故を以て当時未だ校舎の設備完からず。機械器具随って整備せず。氏の経営苦心の状想うべし。爾来、堅忍不抜の熱誠を以て勤続せらること十有二年。その薫陶を蒙りし者、挙げて数えべからず。氏の人と為り剛直厳正、敢えて世に阿《おも》ねず、時に諂《へつら》わず、卓然として守るところあり。而て又、能く礼を履み、規を守り、謙譲苟もせず。誠実を以て人に接す。常時事を処する整正にして勤勉自らを修め、又は兼ねて習学を怠らず。其の子弟を率るや特に訓育に留意せられし。之を外より観るときは、厳酷触れるべからずも、然れども内心愛情の濃厚なること骨肉の如し。故に、生徒の之を敬仰すること父の如く、欽慕すること母の如くなりき。本村文運の隆盛なる所以の理以て推すべし。民俗純美の因亦以て知るべし。

是に於て、本校の名声、氏の令名と共に発揚せらるるに至り、又、嗚呼氏の学識薤白《がいはく》なるに非らざるよりは就ぞ能く茲に臻《いたる》を得んや。宣なる。」

赤尾豊三は『藪塚尋常高等小学校沿革史』によると、明治十八年(一八八五)一月、藪塚小学校教員・校長を退任し、遥か南の新田郡由良村連合(現太田市宝泉地区の中央部)新田第八小学校「由良学校」(由良町寺家に所在の威光寺)へ転勤したという。その後の消息は不詳の点が多いが、明治二十二年の由良学校職員名簿には「赤尾豊三」の名前が記載されているのでこの年までは由良学校に奉職していたことが分かっている(『新田郡宝泉村誌』)。その後の赤尾豊三の動向ははっきりしないが、以上の事実から推量して、明治二十三年以後は桐生市や山田郡下の小学校で訓導(教諭)・教頭・校長を歴任し大正七年に定年退職したようである。

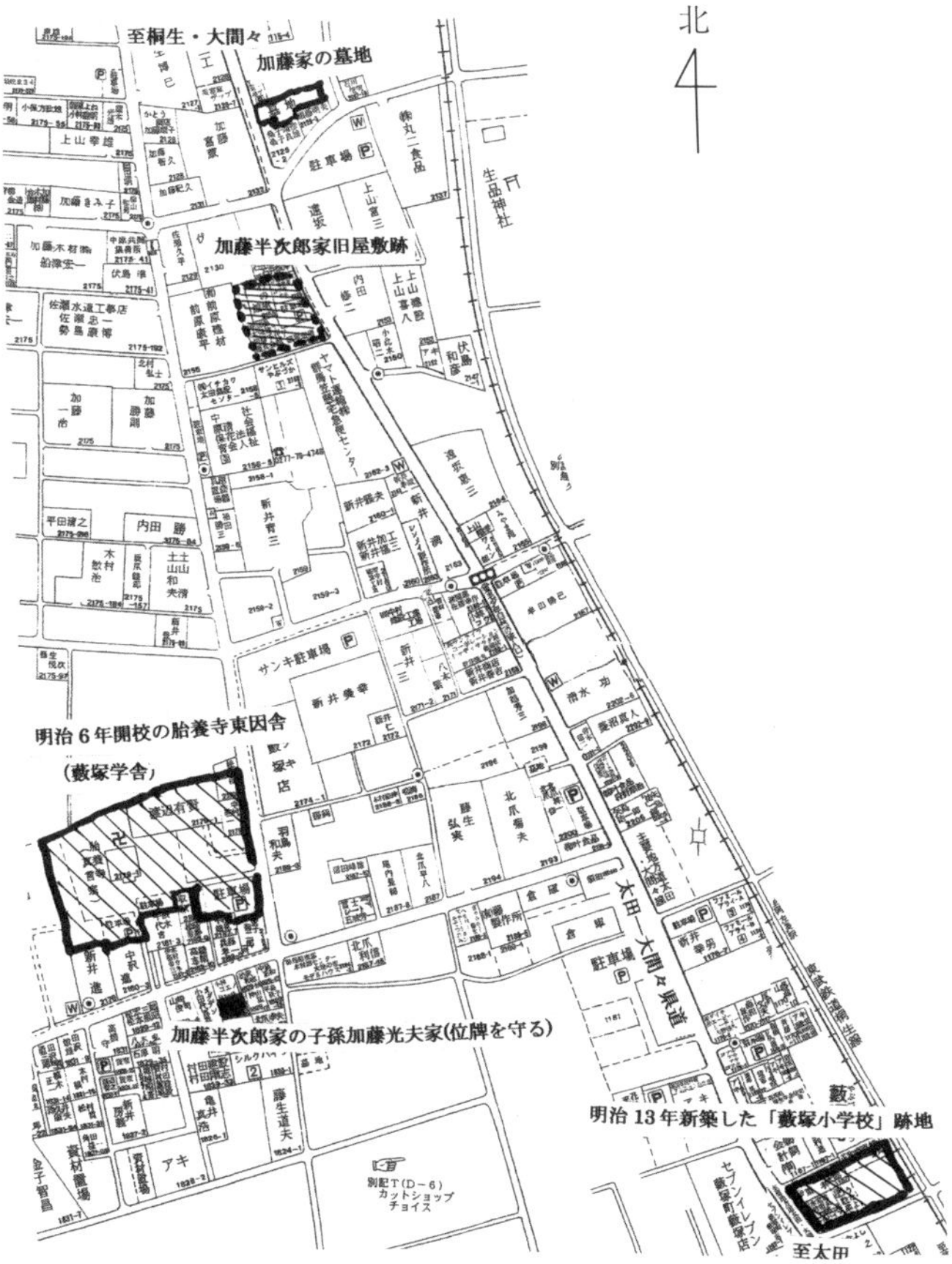


赤尾豊三が勤務した旧藪塚村の学校所在地及び
元加藤半次郎家の屋敷跡と加藤家墓地

# 資料三　赤尾家五代の来歴と現代の子孫

大正八年刊『小中村史蹟』（石井禄郎著）及び平成二年七月発行の「安蘇史談会会報『史談』第六号」所載の赤尾禎一著『田中正造と赤尾塾』を史料として、赤尾家五代の来歴を述べてみよう。

ここにいう「赤尾家五代」は、初代赤尾秀實（初代鷺洲）・二代赤尾孫七（秀章）・三代赤尾秀土（二代鷺洲）・四代赤尾思敬（秀行）・五代赤尾豊三の五代を指し、第三代までは備後国（岡山県）福山藩に出仕して儒学などを教授した下級士族であった。

一、**赤尾秀實（初代鷺洲）伝**

正徳六年・享保元年（一七一六）二月二十七日、福山藩大阪藩邸に誕生、幼名は忠三郎、後、弥三左エ門と称し、左手に米粒を握って生まれた故に「秀實」と命名されたという。字を「子穀鷺洲」と号した。享保十八年（一七三三）三月三日、一八歳にして福山藩侯に仕え、その後京都所司代に勤務し、次いで江戸に転勤して勤勉につき五〇石加増して三〇〇石取りの小姓頭となった。安永三年（一七七四）五月十二日、江戸にて病没、行年五九歳、谷中の妙雲寺に葬る。男子なく、娘「鎮」の養子の子として孫七（秀章）を配した。『大日本人名辞書』に「赤尾秀實は江戸の儒者なり、字は子穀鷺洲と号す」とあるという。

## 二、赤尾孫七（秀章）伝

孫七は徳川の旗本三〇〇〇石の武士金田丹波守の長男金田伊織の長男である。父伊織は金田家の嫡子であったが、病身のため家督を実弟に譲り、自身は若隠居となって生涯正妻を娶らず、側室のみにて終わった。この側室は小中村の萩原四郎右衛門の娘であった。側室の長男として生まれたのが孫七であった。孫七は金田家の長男でありながら、男子がいなかった赤尾家の養子となって赤尾家を継ぐことになったと伝えられる。母方の栗原家に対しては、生涯、金田家より五人扶持を送られたといわれる。

## 三、赤尾秀土（二代目鷺洲）伝

通称は小四郎、名は秀土、字は（二代目）鷺洲と号した。孫七の二男で備後福山城主阿部侯に仕え、「儒官」として二〇〇石を食んだ。しかし、年少の頃より酒癖があり、実家を追われ外祖母萩原氏を尋ねて小中村に来て、二年余住んだ。この間は祖母の萩原家より生計の援助を受けていたらしいという。来村の時期は寛政八年（一七九六）で、二年余の間、光照院で子弟の教育に当たっていたという。その後実兄が早世したため福山藩に復帰して家督を継いだ。その後故あって福山藩を退去し、文政四年（一八二一）、再び小中村に来住した。これからは田中正造の祖父善造らの周旋にて田中家の道路を挟んだ南前の阿弥陀堂で児童を教授したという。正造の父富造らがその頃の門人であり、住処は田中宅の東にあったという。その後、門人たちの周旋で荒宿に家を購入して移居したといわれ、荒宿の家は住家と教室を兼ねたもので、塾生はそこへ通ったようである。

赤尾塾の学習状況は『田中正造全集』第一巻「回想断片その一」によると、「この赤尾は生徒に教ふるに厳なり。」四書（儒教経典の大学・中庸・論語・孟子の書）、五経（詩経・書経・易経・春秋・礼記の総称）、唐詩選（中国唐代の李白・杜甫・白居易等の有名な詩人の詩文集）など漢学生必修の重要教材を返り点などないまま素読させ、学ばせたという。小さな子供にとって漢文や儒教の教えを理解するには多くの困難があったと思われる。

小四郎鷺洲は安政三年（一八五六）四月十九日、荒宿の家にて八二歳で没した。墓は小中の浄蓮寺にある。田中正造は弘化四年（一八四七）の七歳の時、小四郎の赤尾塾に入学し、十六歳の時、師の小四郎先生が死去したためやむを得ず退塾した。正造は同『全集』に「……

悲しいかな師赤尾小四郎は逝けり。」と記述している。

## 四、赤尾思敬（秀行）伝

赤尾思敬は通称「清三郎」、秀行思敬先生と呼ばれ、小四郎の三男として文政四年（一八二一）三月一日、小中村に生まれた。幼少より父の二代目鷺洲から学問の手ほどきを受けていたと思われる。号を空山、不言齊と称した。清三郎は備後福山藩の儒学者であった赤尾秀實の曽孫にあたり、父より陽明学の教えを受けた影響も大きく、後に若くして江戸に出て昌平黌（昌平坂学問所）の教授を務めた古賀侗庵のもとで学んだ。その後各地を遊歴し、天保年間（一八三〇～一八四四）から慶応年間（一八六五～一八六八）までの約二〇年間、田沼村（佐野市田沼町）大字大関で塾を開いて、地域の子弟たちに漢学（儒教）を教え、その数は数百人に及んだという。佐野市吉水町一〇六〇東明庵墓地に「赤尾清三郎の墓」一基があり、平成十七年一月二十四日指定の佐野市指定史跡となっている。

元治元年（一八六四）三月二十七日、藤田小四郎ら水戸天狗党が筑波山に挙兵して「勤王攘夷」を叫んでから三年後の慶応三年（一八六七）、清三郎は江戸の薩摩藩邸で討幕の志士を集めていることを知り、名を日吉邦助と変えてこの会合に参加した。そして討幕工作のために地方遊説と資金調達を担当することになった。このため、家にあること稀という状況となり、したがって教授も十分できなくなったので、ついに赤尾塾は廃塾に至ったという。同年十一月、竹内啓が率いる浪士団が「勤王討幕」を旗印に栃木宿近辺の出流山に挙兵した。これが「出流天狗」と呼ばれるものである。この頃は坂本龍馬や中岡慎太郎が京都で暗殺されたり、朝廷は王政復古を宣言するなど、不穏で激動の予兆を感じさせる空気が全国を覆っていた。

やがて、慶応三年の十二月になると「出流天狗」といわれた挙兵隊は出流山に挙兵して尊王討幕を叫んだが、強力な幕府軍の襲撃により、岩船山の戦いに敗退してしまった。この戦いに参加していた清三郎の長男・豊三が捕まったと聞き、清三郎は深い情愛の心を以て自首し、幕吏に捕らえられてしまった。同年十二月十五日払暁、逮捕されて田沼から佐野天明宿（佐野市）へ護送中の清三郎は同市の吉水付近で斬殺・処刑されたという。慶応三年十二月十五日歿、享年四七歳と伝えられる（大正八年九月、田沼町の門人遺家族六百有余人が慰霊の墓碑を建てた碑文による）。

## 五、赤尾豊三　伝

赤尾豊三は嘉永四年（一八五一）十一月一日、清三郎の長男として小中村で生まれた。昭和五年十二月に書き記した自伝に「小学教育者として一生を捧ぐ。文部省より章典にあずかり普通免許状を同省より授与され、終わりに勲八等瑞宝章を叙勲さる。ために今日は恩給で糊口す。（中略）明治六年（一八七三）八月、栃木県師範学校に入学、卒業して藪塚小学を始め小学教師となること数校（大略校長）、大正七年（一九一八）十一月退職、今日に至る」と半生を記述している（『小中村史蹟』）。豊三は昭和十二年二月十二日に歿し、八七歳の長寿を全うした。墓は佐野市小中町の浄蓮寺にある。

豊三は父と共に慶応三年（一八六七）十一月、出流山挙兵の一員として参加し、敗退して捕えられてしまった。だが、一七歳という年少のため斬殺を免れ、佐野天明にあった牢獄に入れられた。二年後の明治二年（一八六九）三月、ようやく解放され自由の身になったが、衰弱のあまり仕事もできず、餓死寸前の状態となっていた。この状況を見た田中正造は憐れみ、田中が児童を集めて教授していた新川村地蔵堂の私塾を豊三に譲与し、わずかに糊口の道を得させたという。この時、豊三は一九歳で、以後一年間そこにいた。翌三年七月、小中村の素封家石井郡三郎の世話によって小中村新屋敷に新しく塾を開き、児童を教授することになった。田中が塾を手放したのは、織田龍三郎の勧めによって東京へ遊学することを決意していたためという。地元の田中正造や石井郡三郎が生活面や精神面でも豊三を支えていたことがわかる。これらの人々は豊三の恩人であったといえよう。当時の児童に須藤桂三郎・石井ハナ・石井コウ・青木マン・青木小三郎・飯塚清次郎・館野源次郎らがいた。

豊三は塾での教育の傍ら、漢学（儒教）の研究に励んだという。また、並木村の亀田慶山翁、小中村石井郡三郎翁等の恩顧を受けることが多く、生活安定にとって大きな影響があったといえよう。

明治五年（一八七二）八月二日、太政官は「学制」を発布し、翌三日に文部省から各府県へ布達された。学制は大・中・小の学区制をとっていた。当時、山田・新田・邑楽の東毛三郡は明治四年十一月以来、栃木県に属し、その管轄下に置かれていた。東毛三郡は、当初、第一大学区・四〇番中学区・一五〇小学区に分かれていた。

学制では「小学校は教育の初級にして人民一般必ず学ばずんばあるべからず」としてすべての児童に就学義務の方針を示した（『藪塚本町誌下巻』）。「一小学区ごとに一小学校」というのが学制の規定であったが、東毛地区では数区の村の連合で一小学校を設立する例が大部分であった。

栃木県安蘇郡小中村で塾講師をしていた赤尾豊三は学制発布と小学校設立の情報をいち早くとらえたとみえ、新田郡藪塚村で教員募集をしていることを知ったと思われる。

## 六、赤尾豊三の家族

栃木県安蘇郡旗川村大字小中（栃木県佐野市小中町）真言宗新義派「浄蓮寺（中井龍尊住職）」に、赤尾家の戸籍と墓地が残っている。

戸籍には、旗川村大字小中百四十五番地に居住し、父は清三郎ですでに亡くなっているとある。

農・平民戸主　赤尾豊三　嘉永四年（一八五一）十一月一日生
【墓誌に昭和十二年（一九三七）二月十二日歿　八七歳とある】
妻　ヨウ　元治二年（一八六五）二月二十日生
（上野国新田郡藪塚村加藤半次郎長女）
【墓誌に昭和十四年（一九三九）六月六日歿　七五歳とある】
長男一六　明治十六年（一八八三）九月二十一日生

【明治十六年生まれだから「一六」と命名されたという。後に本島竹子と結婚し「本島一郎」と改名】

【墓誌に昭和二十七年（一九五二）三月十一日歿　六九歳とある】

二男　新　明治二十年（一八八七）十一月二十三日生

【墓誌に昭和三十五年（一九六〇）三月二十一日歿　七一歳とある】

（新嘗祭に生まれたので「新」と命名されたという）

長女シヅ　明治二十九年（一八九六）八月二十二日生

三男　清（川内村中里家に婿入りして同家を継ぐ）

二女　某があったというが不詳である。

赤尾豊三は三男・二女、合わせて五人の子供に恵まれたようである。

大正八年刊『小中村史蹟』の内「小中村人物輩出の淵源」赤尾豊三略歴に続き、次のような記述がある。

一、豊三先生の長男一六は幼にして穎悟《えいご》（さとく賢い）秀才なり。群馬県太田町勤王の医家本島柳翁の知る所となり、強て養われ、本島一郎と改む。現に官立新潟医科大学教授、医学博士にして奉職す。

一、二男　新　赤尾家を嗣ぎ、嘗て東京府瀧野川小学校長を奉職せり。

一、三男及び女児各々他家を嗣ぎ或は嫁す。

赤尾豊三が藪塚村の胎養寺に開設された東因舎（藪塚学校）の初代教員・校長格に就任したのは明治六年十月、二二歳の時だった。宿舎がなかったので藪塚村字中原の農家加藤半次郎家に寄宿して学校へ通勤した。後に、豊三が長男一六をもうけるのは明治一六年の事であるから、下宿していた加藤半次郎家の長女ヨウと結婚したのは明治十五年前後のことと推察される。豊三が三十二歳頃、妻ヨウが十七歳頃の結婚と推定される。明治十三年四月、藪塚村六地蔵の地に新しい「藪塚学校」が新築・完成して胎養寺から移転し、教員住宅も新設されたので住まいは加藤家から学校官舎へ移って、同十六年に一六が誕生し、親子三人の水入らずの生活を送っていたと推察される（この項はじめ藪塚地域の顛末に就いては元藪塚本町教育委員会教育長半田勝巳氏のご教示や資料提供によるところが多い。また子孫の赤尾敬彦よりの聞き取りも役立った）。

## 七、赤尾豊三の子孫たち

長男「一六」は本島家で養われ、後に本島竹子と結婚、本島一郎と改名し、東大卒の医師・新潟医科大学教授および学長に就任するなど医学界の大家として活躍した。

二男「新《しん》」は東京都の瀧野川小学校長で終わったという記事があるのみで詳細は不詳である。しかし、父と同様教育者として東京や桐生市方面で活躍したようである。

長女「シヅ」はよく分からない。

三男「清《せい》」は川内村の中里家に婿養子となって大きな機屋を経営したという。

二女「某」はよく分からない。

赤尾家を継いだのは二男「新」である。新には二人の男子がおり、両人とも教員として桐生・太田地域で活躍した。長男は「赤尾禎一」で、父「新」が建てた桐生市三吉町に住んで、大間々北小学校教諭、大間々中学校教頭、神梅小学校校長、福岡西小学校校長を歴任し定年退職した。

二男は「赤尾祥二」で毛里田の小学校教諭の後、群馬大学教育学部付属中学校教諭、東部教育事務所指導主事、藪塚本町小学校校長、川内中学校校長、桐生養護学校校長を歴任し、定年退職した。桐生市広沢町二丁目に住所がある。

先祖赤尾豊三が初代教員となって作り上げた藪塚小学校に校長として勤務したことは奇しき因縁であった。また、禎一先生は佐野市小中村の郷土史や田中正造ら名士の研究に造詣が深く、歴史家としても評価されている。長男赤尾禎一家は子供さんがないため、赤尾家は二男祥二家が引き継いでいる。

祥二家は妻哲子との間に、二人の男子に恵まれ、両人とも医学部を卒業して医師になっている。

長男「赤尾敬彦《たかひこ》」は昭和三十六年二月一日生まれ、桐生高校、東京理科大学数学科を出て桐生西高校の教諭に就職したが、考えるところがあって医師を志し、新潟大学医学部に進み、外科を専攻して羽生総合病院外科部長の職にあり、現在活躍中である。新潟大学は先祖に当たる赤尾一六（本島一郎）が整形外科を立ち上げ、学長や院長を歴任した大学であり、これも奇縁を感じるところである。

二男「赤尾法彦《のりひこ》」は昭和四十四年十二月五日生まれ、桐生高校から富山大学医学部に進み、脳外科を専攻、現在沼田脳神経外科循環器科病院院長の職にある。前橋市荒牧町に住んで沼田まで通勤している

このように、近現代の赤尾家は医師、教育者を三世代にわたって継承してきた名家と言

えるようである。

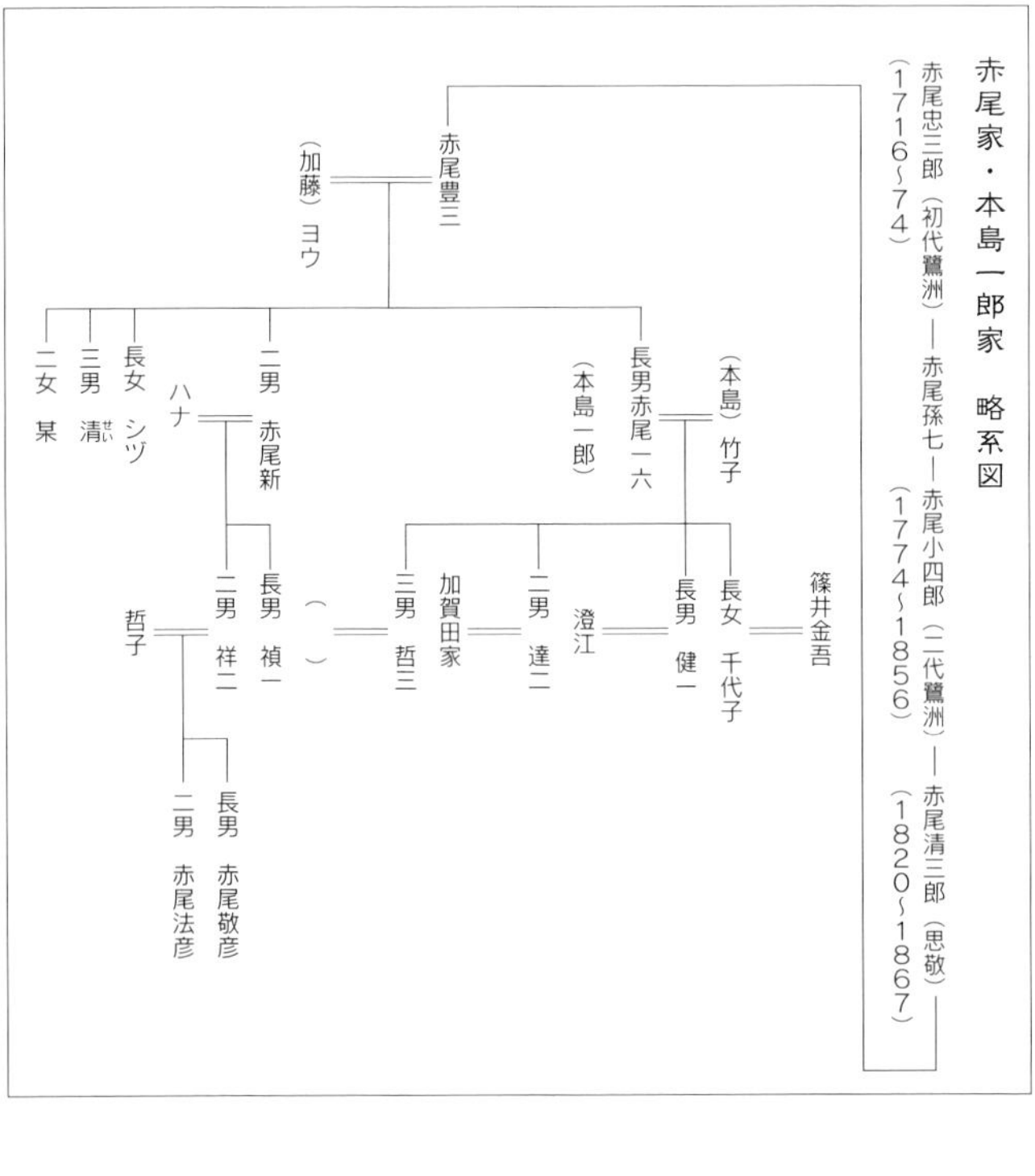
赤尾家・本島一郎家　略系図
赤尾忠三郎（初代鷺洲）
（1716〜74）
赤尾孫七
赤尾小四郎（二代鷺洲）
（1774〜1856）
赤尾清三郎（思敬）
（1820〜1867）
赤尾豊三
（加藤）ヨウ
長男赤尾一六
（本島一郎）
（本島）竹子
二男　赤尾新
ハナ
長女　シヅ
三男　清《せい》
二女　某
長女　千代子
篠井金吾
長男　健一
澄江
二男　達二
加賀田家
三男　哲三
（　）
長男　禎一
二男　祥二
哲子
長男　赤尾敬彦
二男　赤尾法彦

# 資料四　近代本島本家の来歴と分家本島　進家の三代

本島家初代から９代までの略系図

初代　本島数馬（高祖）
承応三年（一六五四年）十二月十日死去
戒名：「忠誠善智信士」
｜
二代　本島七左衛門
｜
三代　本島嘉右衛門
｜
四代　本島自柳（自柳襲名の初代）
｜
四代省略
｜
九代　本島柳翁（自柳襲名六代目）

九代　本島柳翁（自柳襲名六代目）　天保十一年（一八四〇）十一月十三日生、大正十三年（一九二四）十二月十二日逝去（八五歳）、戒名「英礼院貞山柳翁居士」幼名英之助、貞庵と号し、自柳を襲名したが、明治三十二年に隠居した後、「柳翁」と改名した。

　少年時代、江戸に遊学し漢学や国学を学び、安政三年（一八五六）一七歳で長崎、熊本に出て医術を学んだ。慶応元年（一八六五）、父の五代目自柳が逝去したのを機に太田に帰り、二六歳で家業を継いで第六代自柳を襲名した。慶応三〜四年にかけては幕末の動乱の世となり、新田満次郎を盟主とする「新田勤王党」（後に「新田官軍」）に参加、大田口関門守衛や戸倉口での会津藩兵との戦いでは金井之恭とともに隊長として活躍した。明治維新後は太田に帰り、医師の生活に専念した。やがて町村制、郡制、府県制などが実施されると、太田町会議員・新田郡会議員・群馬県会議員にもあげられて「県会副議長」に推挙され、それらの職責を歴任した。この間、後輩医師の育成、医師会の役員・新田銀行の幹部役員、待矢場用水組合役員等を兼務して大活躍した。

貴公子の風貌、談論風発諄々として倦まざる人柄、至誠一貫と熱血の行動力は町民・県民の敬仰するところ大であった（『群馬県議会史』）。

十代　**本島自柳（自柳襲名七代目）**　本名　綾三郎、撫一庵と号す。

慶応三年（一八六七）六月二十日、北埼玉郡今井村（熊谷市）で栗原友右衛門の子として誕生。昭和十八年（一九四三）十二月十二日、胃癌により死去。行年七七。戒名「真玄院仁山鶴壽大居士」

明治十八年（一八八五）四月、埼玉県師範学校を卒業、教職の道を志していたが、柳翁に見込まれて長女「乙女」と結婚し本島家の養嗣子になった。新たな境遇の中で、明治十九年に上京し語学と医学を研鑽すること三年、同二十一年（一八八八）十一月、内務省施行の「医術開業後期試験」に合格、医籍登録された。その後北里研究所で研究に励み、翌二十二年九月からは東京帝大医科大学専科に入学し、佐藤三吉博士に師事した。薬物学・外科学を専攻して同二十五年六月に卒業した。翌二十六年三月、太田に帰郷して開業、父柳翁とともに名医の伝統を受け継いで人々に仁術を施した。

明治三十四年（一九〇一）四月、三五歳の若さで太田町会議員に当選、以後、新田郡会議員（議長）を経て、大正四年（一九一五）九月には群馬県議会議員に当選、三期一二年間に亘り活躍し、この間「群馬県議会議長」の要職も務めた。明治三十六年からは新田郡医師会長、大正七年からは県医師会選出日本医師会代議員、県医師会副会長、新田銀行（後に群馬銀行に発展）取締役、次いで群馬大同銀行（群馬銀行の前身）取締役など昭和十四～十五年頃まで医学界・県政界・金融界などで三面六臂の大活躍をした（『群馬県議会史』）。

## 十一代　本島柳之助（自柳襲名八代目に当たるが、自柳を襲名せず）

明治二十五年（一八九二）十二月十一日生。昭和三十二年（一九五七）九月十四日、急性肝硬変で死去。行年六五。戒名「本覚院人徳慈円翠柳大居士」

太田中学卒業後、早稲田大学文学部聴講生となり文学に傾倒し、大正六年（一九一七）夏、中央日本を徒歩旅行した見聞記を上毛新聞に寄稿したり、同六年暮れには一年志願兵として宇都宮歩兵第六六連隊に入隊するなど青春の彷徨時代を過ごした。

（坂原）タケ夫人との結婚、父や親戚の人々からの勧めなどがあって医学を志すことになったという。大正八年（一九一九）四月、東京医学専門学校に入学、同十一年に同校を卒業し、順天堂病院外科に入局。医師免許を得て慶応大学病院放射線科の助手となり、藤浪先生からレントゲン医学の薫陶を受け、研究と実践に没頭した。大正十五年（一九二六）二月から昭和三年（一九二八）十二月まで渡欧、スイス・ベルン大学でドクトル免状を取り、ドイツ・ベルリン大学で癌の研究に打ち込んだ。帰朝後すぐに慶応大学病院放射線科講師に就任、同六年には同科の教授に昇進し、多くの研究論文を発表した。

昭和五年（一九三〇）八月十二日、慶応大学に出した学位論文が通過して「医学博士」の称号を獲得した。本島家始まって以来の慶事だったから家族・親戚一同の喜びは一入であった。以後、肺結核・胃癌・気管支炎・脚気・骨肉腫などの研究に没頭し、晩年には東京医大教授、日本医学放射線学会会長などの要職にあって後進の指導に当たった。端正な風貌で剃刀のように切れる頭脳を持った「学者」で「太田の殿様」とあだ名された。

これ以降の本島本家は十二代本島自柳、十三代へと続いている。

## 分家本島　進家の略歴

ここからは第十代本島自柳（自柳襲名七代目）と長女乙女の二男で、柳之助の弟が分家した「分家本島　進家」の三代について述べよう。

### 分家初代　本島　進

明治二十九年（一八九六）五月十七日生。昭和三十四年（一九五九）一月二十九日逝去。行年六二。戒名「進善院閑空疎林法悦居士」。本町の東光寺に墓所を定める。

本島本家の二男として生まれ、太田中学校から旧制鹿児島第七高等学校（現・鹿児島大学）へ進み、さらに京都帝大政治経済学部に入学、勉学に励んだ。大正十年（一九二一）、同大学を卒業、同年に帰郷した。就職に当たっては小林一三氏の面接で一発合格し、東京電力前橋支店に配属が決まった。しかし、勤めて四～五年すると、結核に感染したため退職のやむなきに至って、鎌倉で静養することになった。若いころは野球・スキーなどスポーツに堪能で選手として活躍したこともあったというが残念であったと思われる。昭和初期に八幡山の東麓、現在の本島虎太家のところへ新築して太田に帰郷し、体調の管理に当たった。折につけ本島病院の業務を手伝ったり、太田女子高校の非常勤講師に出講したりもしたようである。晩年は俳句を趣味として悠々自適の生活を送ったと伝える。

二代　本島虎太…本島　進の長男、分家の二代目。

大正十五年（昭和元年、一九二六）生まれ。

父進の療養に伴って鎌倉で幼少期を過ごし、やがて帰郷して太田中学校へ進学、石原信雄元官房副長官ら有為な人材と盟友となるなど優秀な成績で卒業した。その後は医学を志して旧制熊本第五高等学校（現・熊本大学）に進学し、昭和二十四年三月、同校を卒業した。次いで熊本医大・長崎医大などを受験して両校とも合格したが、さらに九州大学医学部にチャレンジしていたところ、胸部疾患にかかり、療養のため進学を断念して太田に帰郷した。昭和二十九年より本島病院に勤務し理事・常務理事などを歴任、薬局有隣社代表取締役・病院事務長として手腕を発揮して本島総合病院の発展に尽力した。

やがて昭和三十七年（一九六二）十一月二十四日、太田商工会議所第四代会頭に推挙され、青年会頭として新聞紙上を賑わせた。太田商工会議所の充実・発展に尽力し、現在の商工会議所会館の新築・移転、職員組織の近代化、「星霜　太田商工会議所四〇年史」発刊、大型ショッピングセンターの誘致開店など多くの功績をあげて太田市及び地域経済の安定と発展に貢献した。

同四十六年からは「太田都市ガス（株）」を設立し代表取締役社長・会長を務めている。そのほかの要職としては昭和四十五年「東毛福祉事業協同組合理事長」、同四十六年「群馬県商工会議所連合会副会長」、同四十七年「群馬県教育委員会教育委員」、同五十五年「郷土産業振興協議会会長」、「太田地区電信電話会ユーザー協会会長」、同五十八年「太田地区防火管理者連絡協議会長」など多くの重職を歴任し、最近は太田市観光協会会長・太田市長清水聖義後援会長など要職をこなしている。また、群馬県知事功労表彰、群馬県商工功労表彰受賞、平成十一年度の秋の叙勲で勲四等瑞宝章（産業振興功労）受章など多くの表彰に輝き、オピニオンリーダーとして活躍し名士として知られている。人柄は発想が雄大で仕事は着実、礼節に厚く、合理的思考と果敢な実行力を持ち、リーダー性を発揮する。早く父を失ったので、若いころからの苦労人で他人への思いやりが深い。趣味は人物史研究・歴史探訪・絵画鑑賞・ゴルフなどであると聞く（『太田商工会議所四十年史』）。

**三代　本島　太　本島虎太の長男、分家の三代目。**

昭和三十八年（一九六三）生まれ。

地元小中学校を卒業後、横浜桐蔭学園高校へ進み、さらに医学を志して愛知県の藤田保健衛生大学医学部医学科に進学、平成十二年三月、同大学を卒業した。医師免許を取得して平成十三年（二〇〇一）五月より、獨協大学医学部付属病院の麻酔科に入局し、次に整形外科に移り活躍してきた。この間、川崎医科大学卒業、順天堂大学で糖尿病医学を修めた佳代子夫人と結婚し二人のお子さん（和佳奈、鈴菜）の父となった。

このたび医院長として『もとじま整形外科・糖尿病内科』医院を太田市新野町に開院した。平成二十五年（二〇一三）五月六日に内覧会、同五月八日晴れて開院の運びとなった。診療科目は「整形外科」・「リハビリテーション科」・「糖尿病内科」・「内科」である。

四〇〇年余にわたり医術をもって衆庶に仁術を施してきた本島家一族にあって、祖父本島　進、父本島虎太の宿願がここに結実し、前途洋々たる船出ができたことは本島一族並びにご家族の喜びはこの上ないものであった。

## 本島家略図

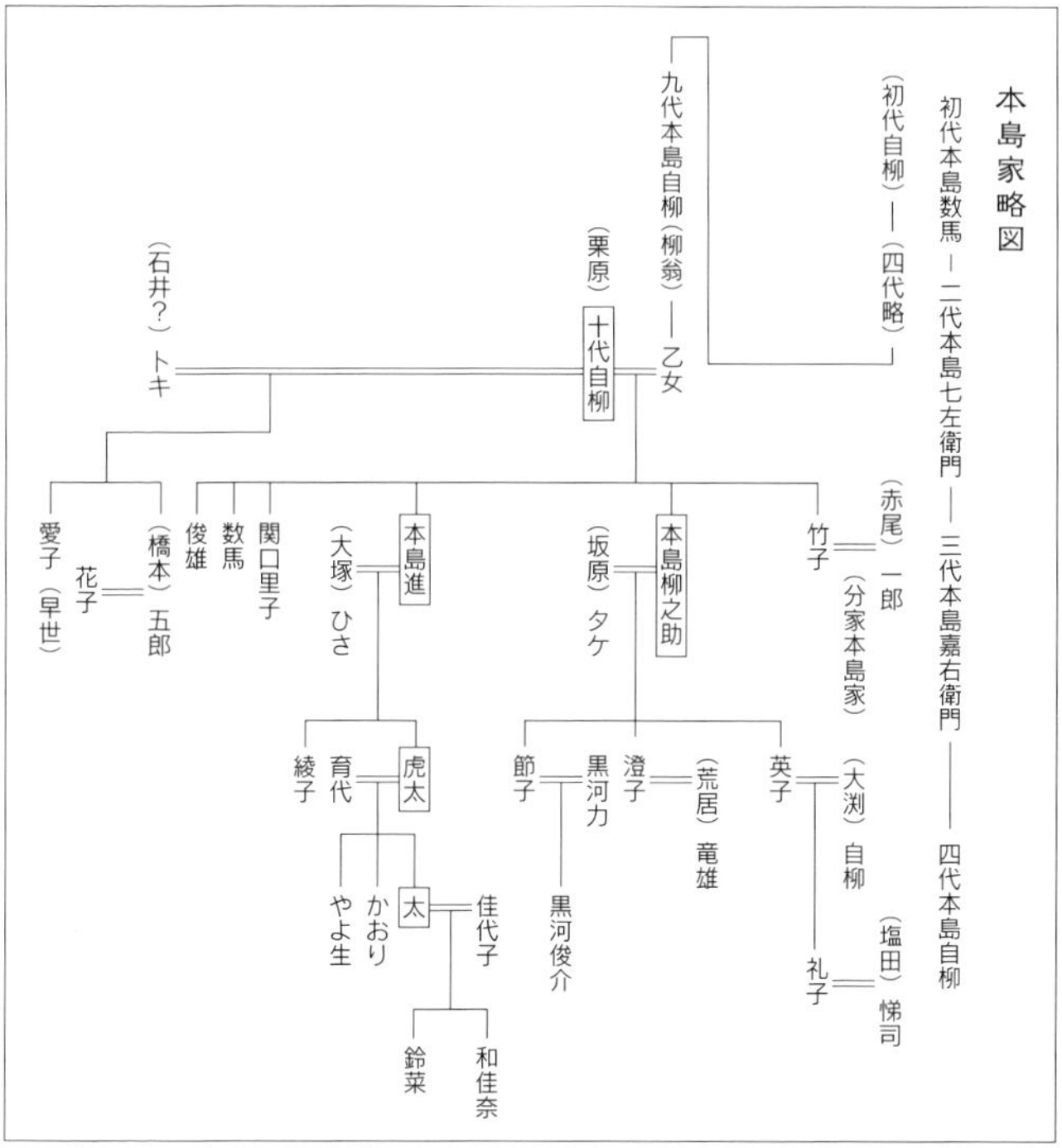
初代本島数馬
二代本島七左衛門
三代本島嘉右衛門
四代本島自柳
（初代自柳）
（四代略）
九代本島自柳（柳翁）
乙女
（栗原）
十代自柳
（石井？）トキ
竹子
（赤尾）一郎
（分家本島家）
本島柳之助
（坂原）タケ
本島進
（大塚）ひさ
関口里子
数馬
俊雄
（橋本）五郎
花子
愛子（早世）
英子
（大渕）自柳
礼子
（塩田）悌司
澄子
（荒居）竜雄
黒河力
節子
黒河俊介
虎太
育代
綾子
太
佳代子
かおり
やよ生
和佳奈
鈴菜

# 資料五　写真集「太田市本町の東光寺と本島家墓地」

太田市本町の
東光寺山門
(太田小の前身
有為学校跡地)

本島家墓地（2）
新しい墓塔がある

本島家墓地（1）
古い墓塔がある

分家本島進家墓地

# 資料六　由良学校と宝泉小学校沿革史

「由良学校」（太田市立宝泉小学校）の概略に就いて、『宝泉村誌』や「宝泉小学校沿革史」をもとに記録しておく。

**由良小学校**　明治八年（一八七五）四月十六日、細谷・由良両村組合で細谷村教王寺に学校を開き、藤生義随を教師として開校されたが、翌九年五月、由良村威光寺に「由良小学校」と称し宮山恵戒氏を教師に新たに開校した。以後明治十七年の連合村に至るまで由良学校として教育に当たった。

他に、明治七年十二月五日、脇屋・新野村組合で新野の東光寺に「達道小学校」開校、明治七年十一月二十五日、別所・西野谷・沖野の三村組合で沖野の延命寺に「寛栗小学校」が開校し、右村々の子供が通った。明治六年十一月二十五日、木崎大通寺に「藍青小学校」が開かれ、上田島村の子供が通った。明治七年八月二十五日、中根・下田島村組合で下田島慈眼寺に小学校が開校した（校名不詳）。明治八年十月十一日、下浜田村と藤阿久村の組合で「日進小学校」が開校し、同二十二年の町村制施行時まで藤阿久の子供はそこに通った。

**公立由良小学校**　明治十一年七月、郡区町村編制法が施行されて、行政は大小区制から旧来の町村を母体とする地方行政が行われるようになった。これを受けて、明治十七年八月、由良・脇屋・別所・沖野・西野谷・上田島・中根・下田島の八カ村組合で、「由良村外七か村連合」と称し、右各村の学校を廃し「公立由良小学校」を開校した。これを本校とし中根宝性寺に中根分校を設け子供を教育した。はじめはこの学校を「第一六〇学区公立小学校」と称したが、同十九年には「二一二学区公立小学校」と変更された。

**宝泉尋常小学校**　明治二十二年四月、町村制が発布された結果、藤阿久村を合わせて九カ村が合併して「宝泉村」が成立した。翌二十三年五月、右校名を廃し「宝泉尋常小学校」と改称した。校舎は前と同様由良威光寺を使用した。

**宝泉尋常高等小学校**　明治二十八年十二月から由良北之庄に敷地三千百九十一坪を選定して、新しい校舎建築に取り掛かった。翌年三月二十四日尋常・高等併設の許可を受け「宝泉尋常高等小学校」と称するに至った。やがて、同二十九年十二月二十日、盛大な開校式が挙行された。

群馬県知事はじめ多くの来賓が参列する中、全校の児童生徒が出席して宝泉村を挙げての式典で、花火三千発が打ち上げられて式典に華を添えたといわれる。この学校が現在、由良町西上地区に所在する「太田市立宝泉小学校」である。

# 資料七　写真集「佐野市小中町の赤尾家の墓地」と「戸籍簿」

佐野市小中町浄蓮寺にある
赤尾家墓地

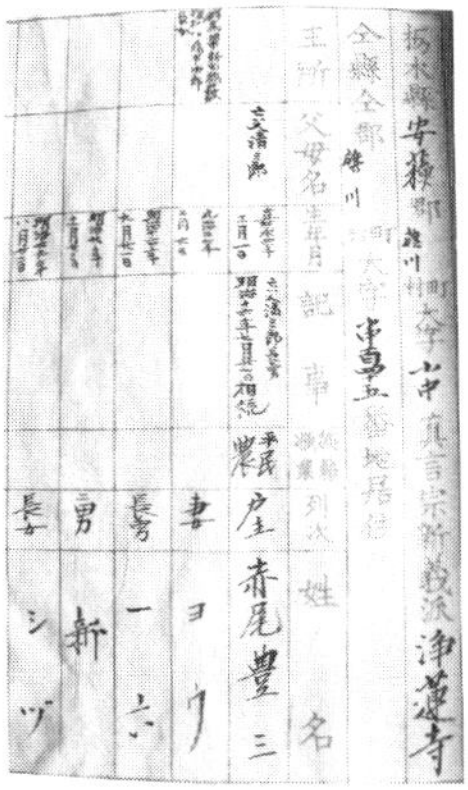


浄蓮寺の赤尾家戸籍簿

赤尾家墓地の墓誌

## 資料八　本島柳之助妻タケの実家佐野市小中町の坂原家の屋敷絵図と取り壊し前の母屋全景、本島虎太氏と語る現当主坂原辰男氏

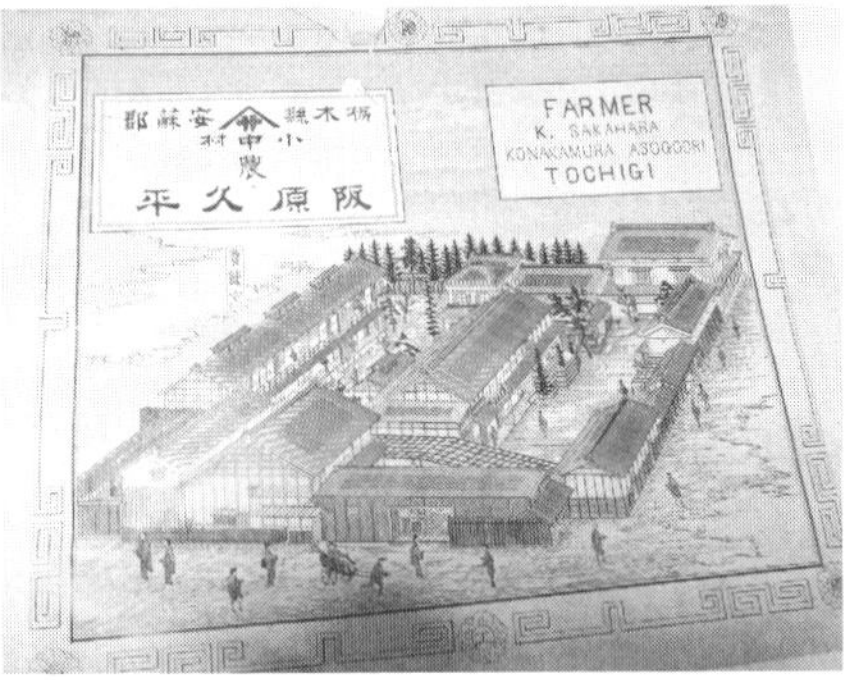


屋敷絵図

坂原家の母屋と中央が当主辰男氏

本島虎太氏と語る坂原家当主辰男氏

# 資料九　「新潟大学医学部整形外科学教室の業績集」に掲載された本島一郎教授のプロフィール

本　島　一　郎（1883－1952）

明治16年9月21日群馬県新田郡藪塚村赤尾豊三の長男として生れ、太田中学・旧制第二高等学校をへて明治42年東京帝国大学医科大学を卒業し、同43年太田市の医家本島自柳の長女竹子と結婚、本島姓を冒す。

元、東京医科大学放射線教授本島柳之助は義弟にあたる。兵役は砲兵科士官として陸軍少尉であった。東京帝国大学整形外科田代義徳教授（1864－1938）について整形外科を学んだが、これは養家が骨折治療で令名のあった医家であったからである。田代教授の下にあっては整形外科教室の医局長をつとめていたが、大正6年10月9日新潟医学専門学校教授に任ぜられた。

大正10年、昭和8年の2回にわたり海外留学しオーストリアウィーンのスピッチー（SPITZY)、ローレンツ（ADOLF LORENZ)、ドイツのミュンヘンではフリッツ・ランゲ（FRIZ LANGE)、ベルリンでゴホト（GOCHT)、などの教室を見学し帰国、その間欧州各国の整形外科を視察している。

大正14年10月29日「内分泌腺ノ影響ヲ顧慮セル管状骨々端部ノ組織学的及実験的研究」で医学博士、新潟医科大学昇格ののちは新潟医科大学付属医院長、新潟医科大学長を歴任し、その間学術研究会議会員、ＳＩＣＯＴ正会員となる。

整形外科学会では宿題報告の「アポヒゼオパチー」を担当し、第4回及び第16回日本整形外科学会長、新潟日独文化協会長、新潟ロータリークラブ初代会長などをつとめる。

昭和19年9月9日新潟医科大学教授退任後は第五高等学校（熊本）の校長に就任、昭和23年退官後は新潟医科大学名誉教授、日本整形外科学会名誉会員として新潟市松波町に仮寓され宮尾病院の顧問として医療にも若干たずさわっていた。本邸は一時占領軍に接収されてしまったので有山教授邸跡に入居されておられたが、昭和27年3月11日69歳で病没された。性豪放、酒を好み青少年学徒を愛し、清濁あわせ飲む人柄は大学内外の多くの人々から慕われていた。

法名高達院研誉本学一道居士、墓地は群馬県太田市義重山大光院（浄土宗）の法域にある。

墓碑銘には「分家本島は元新潟医科大学長従三位勲二等医学博士本島一郎に始まる。一郎は明治16年新田郡藪塚村赤尾豊三の第一子として誕生同43年第7代本島自柳の長女竹子と結婚し本島家に入る。太田中学校第二高等学校を経て東京帝国大学医科大学を卒業後田代義徳教授につき整形外科学を専攻す、大正6年新潟医学専門学校教授に任命され同10年独逸に留学同13年帰国新潟医科大学病院長同大学長として医学界に貢献すると共に学術研究会議会員日本整形外科学会長新潟日独文化協会長ロータリー倶楽部新潟初代会長等の顕職を兼ね文化向上のために尽力す。昭和23年第五高等学校長退官後は新潟医科大学名誉教授として悠々自適せるも同27年新潟市において薨去す、同年故郷の地大光院に墓地を定む」

子孫は本島健一（横浜市住）他男子2名と女子1名（千代子）あり、千代子は故篠井金吾（元東京医大外科教授）に嫁す。

## 資料十　写真集「本島家・赤尾家子孫の交流・懇親会」開催

平成30年（2018）1月21日10時半から午後3時にかけて、太田ナウリゾートホテルに於いて本島家の本島虎太氏、子息太氏と赤尾敬彦氏、法彦氏の4人が会合し、著者茂木晃も参加させていただき、両家の子孫が交流と懇親の会を開催した。参加者は先祖やご両家の現状などについて和気あいあいのうちに話がはずんで、有意義な会合となった。

記念写真
（前列右から本島虎太、赤尾法彦、赤尾敬彦、本島太の各氏）

懇談の様子

本島虎太（中央）・太親子
（左端は筆者）

赤尾敬彦（左）・法彦兄弟

## 主な参考文献


1「開講六〇周年記念　業績集・教室史」一九七七、新潟大学医学部整形外科学教室
2「日本整形外科学会八〇年史」二〇〇六、社団法人日本整形外科学会
3「太田高校九十年史」昭和六十二年十月十七日発行、太田高等学校
4「太田市史通史編近現代」平成六年三月三十一日、太田市
5「學士会々報（第4号）」一九五二、新潟大学医学部
6「薮塚本町郷土誌」昭和四十八年九月二十日復刻、薮塚本町教育委員会
7「薮塚本町誌　下巻」平成七年三月一日、薮塚本町
8「風土記おおた」昭和六十三年五月二十日、太田商工会議所　茂木　晃著
9「星霜－太田商工会議所四十年史」平成元年十一月二十四日、太田商工会議所
10「太田に光をあたえた先人たち」平成十五年三月三十一日、太田市教育委員会
11「太田地域の道とひと～道路誌・人物誌ものがたり」東京広告㈱　茂木　晃著
12「薮塚本町小学校沿革誌」より半田勝巳氏の抜き書きメモ
13「太田風土記」昭和五十一年十一月一日、㈱観光事業センター

この小伝は参考文献および新潟大学整形外科関係教授等の聞き取り、本島虎太氏の談話、半田勝巳氏からの聞き取りなどを基に、茂木晃が編集・著述したものである。

# おわりに

赤尾一六（本島一郎）教授は明治初期の小学校教員（訓導、校長）赤尾豊三の長男として明治十六年九月二十一日、草深い群馬県新田郡藪塚村（太田市）に生まれた。幼少より聡明の誉れが高く、明晰な頭脳と豪放磊落で真面目、明朗な性格を持つ人格者であった。先生はやがて東京帝国大学医科大学に進み、整形外科学を専攻し、医学博士号を取得した。新潟医科大学教授、同大学学長、同大学病院長を歴任し、黎明期の新潟医科大学に整形外科という「一粒の麦」を播いたのが本島一郎先生であった。

地方都市新潟の地の単科大学であった新潟医大に、国立大学の東大・京大・九州大に次いで日本で四番目の整形外科学科を創設し、後進研究者や医師を輩出し、近代医学の発展に貢献され、また大学や病院の経営にも手腕を発揮された先生であった。本島先生は群馬県人にとっても誇りに思う人物の一人である。晩年は健康を害され闘病に努めたが、満六九歳という若さで逝去されたことは誠に残念でならない。本書が先生の供養になれば幸いです。

この小伝を執筆するにあたり、多くの人々から貴重な情報や資史料の提供を頂戴いたしました。中でも、新潟大学医歯学部整形外科学関係の蒲原　宏先生、高橋榮明先生、遠藤直人先生、渡邊　慶先生には格別なご配慮を賜り厚く感謝の誠を捧げます。また、栃木県佐野市小中町の浄蓮寺住職中井龍尊師、同町の坂原辰男氏、太田市本町の医王山東光寺住職長谷川弘榮師、同市藪塚町の元藪塚本町教育長半田勝巳氏、太田市立宝泉小学校長五位野高吏氏、本島一郎先生の義理の甥本島虎太氏、本島一郎先生の曽孫で羽生総合病院外科部長赤尾敬彦氏、沼田脳神経外科循環器科病院院長赤尾法彦氏など各先生には聞き取りや資料提供の際に大変お世話様になりましたことを記して厚く御礼を申し上げる次第であります。

本書発刊に当たりましては上毛新聞社事業局出版部部長一倉基益氏、太田市新野町所在のもとじま整形外科・糖尿病内科院長本島　太先生には格別なご尽力を頂いたお陰で本書が刊行できましたことを記して深謝申し上げる次第であります。

平成三十年（二〇一八）四月の佳日

茂木　晃

## 本島一郎教授の略年表

| 年号　年・月・日 | 西暦 | 年齢 | 事　項 |
|---|---|---|---|
| 明治 16.9.21 | 1883 | 0 | 群馬県新田郡藪塚村（太田市藪塚町）で小学校校長赤尾豊三・ヨウの長男として藪塚学校官舎で生まれる。明治 16 年生まれだから赤尾一六と命名される。 |
| 同 18. 日時不明 | 1885 | 2 | 父が新田郡由良村由良学校（威光寺）へ転勤したので、この年由良へ移転したらしい。 |
| 同 22.<br>この頃より後 | 1889 | 8 | その後、尋常・高等小学校を卒業し、本島家に寄宿生（使用人か）として住み込み、生活と学資を支援されたらしい。 |
| 同 30. 4.11 | 1897 | 14 | 太田町５丁目長念寺に群馬県尋常中学校（後の太田中学校、太田高校）が開校し、この日、入学式が行われ、赤尾一六が第１回生の一人として入学した。学年規模は２学級、定員 100 人。実入学者 95 人。 |
| 同 35. 3.26 | 1902 | 18 | 前年の６月 26 日に校名が「群馬県立太田中学校」と改称された同校で、この日第１回卒業証書授与式が挙行され、一六少年は名誉ある第１回生として同校を卒業した。卒業者 58 人。 |
| 同 35. 4. | 1902 | 18 | 仙台の旧制第２高等学校（東北大学）へ入学（一浪したか？）。 |
| 同 38. 3. | 1905 | 21 | 同校を卒業。 |
| 同 38. 4. | 1905 | 21 | 東京帝国大学医科大学（東京大学医学部）に入学し、足利出身の田代義徳教授に師事して、整形外科学を専攻した。 |
| 同 42.11. | 1909 | 25 | 東京帝大医科大学卒業。医師免許を取得し、卒業と同時に１年志願兵として、陸軍３等軍医に任ぜられ、軍務に服す。 |
| 同 43. 月日不明 | 1910 | 26 | 第７代本島自柳の長女「竹子」と結婚、入籍して「本島一郎」と改名した。後に、３男・１女の４人の子供に恵まれた。 |
| 同 45. 1. | 1912 | 28 | 本島一郎先生は田代教授のいる東京帝大医科大学に「講師」として奉職、医局長に任ぜられた。田代教授が１年間の海外留学に出た間、外来診療、教室での講義に従事し、関係者から「本島の技術は素晴らしい」と評されたという。 |

| 年号　年・月・日 | 西暦 | 年齢 | 事　項 |
|---|---|---|---|
| 大正 6.10.25 | 1917 | 34 | これより先、10 月 6 日、恩師田代義徳教授の推薦（命令か）があって新潟医学専門学校（新潟医科大学の前身）の教授に任命され、同校外科医長を命ぜらる。この日、竹子夫人を伴って新潟駅に降り立ち、同校に着任した。 |
| 同 6.11.1 | 1917 | 34 | 新潟医専での整形外科学の講義と外来診療が開始された。 |
| 同 6.11.18 | 同上 | 同 | 本島一郎教授が第 53 回北越医学会総会で整形外科を啓蒙するため「整形外科の領域について」と題し初の講演を行った。 |
| 同 7. 6. | 1918 | 35 | 本島一郎教授最初の学術論文「移植骨の運命に就いて」を北越医学会雑誌 33 年第 3 号に発表した。 |
| 同 9.10.24 | 1920 | 37 | 本島教授は北越医学会総会で「先天性股彎症の 1 例」を報告した。 |
| 同 10.11.25 | 1921 | 38 | 文部省より国費を以て海外留学を発令され、ドイツ・オーストリア・イギリスなどへ出発した。ローレンツ、スピッチー、ゴホト、フリッツ・ランゲなどについて先進医学を学んで、同大正 13 年 3 月頃帰国した。 |
| 同 11. 3.31 | 1922 | 39 | 勅令 143 号で官制が定められ、新潟医専は官立「新潟医科大学」に昇格が決定し、4 月より施行された。初代学長は池田廉一郎教授が就任し、本島一郎教授は新潟医科大学附属医院長に就くことになった。 |
| 同 12. 9.1 | 1923 | 40 | 関東大震災が発生し、新潟医大からも医療救護班が編成され東京で罹災者の診療・看護にあたったので、本島教授らも急遽帰国の途に立たねばならなくなった。 |
| 同 13. 3.28 | 1924 | 40 | 本島らが帰国したこの日に、池田学長が病気で倒れるというハプニングが起きた。それにより、外科の内部で人事異動があり、本島教授の帰国とともに、外科教室と整形外科教室が分離することになった。独立した整形外科教室となった。 |

| 年号　年・月・日 | 西暦 | 年齢 | 事　項 |
|---|---|---|---|
| 同 13.10.26 | 同年 | 41 | 大正 13 年度、北越医学会総会で、本島教授は「骨端瘢痕に就いて」を報告した。 |
| 同 14. 6.24 | 1925 | 41 | 北越医学会第 129 回例会で、本島教授は「少年時長管状骨、殊に脛骨に来たる骨膜下骨折」を報告した。 |
| 同 14.10.25 | 同年 | 42 | 北越医学会総会で、本島教授は「梅毒性膝関節炎に就いて」を報告した。 |
| 同 14.10.29 | 同年 | 42 | 本島教授は「内分泌腺の影響を顧慮せる管状骨骨端部の組織学的及び実験的研究」という論文を東京帝大に提出し、この日、同大学より『医学博士』の称号を授与された。 |
| 同 14. 4. 3 | 同年 | 42 | 第７回日本医学会総会が京都帝大医学部に於いて開催され、日本医学会の第 10 分科会として「整形外科学会」の創立が決定した。次いで、田代義徳博士を仮議長として、「日本整形外科学会」の創立総会並びに第１回「日本整形外科学会総会」が開かれて、日本の整形外科が初めて独立した学会を持つことになった。新潟医大からは本島一郎教授・池田廉一郎教授・中田瑞穂助教授・杉村七太郎教授が評議員となって参画した。 |
| 昭和２. ４. ２ | 1927 | 43 | 第２回日本整形外科学会総会が京都帝大法経第２講堂で会長田代博士のもとで開催された。５人が研究発表したがその５人目に本島教授が出て「奇形性関節炎、殊に其の成因について」のテーマで発表した。この頃、イタリアでは「全医科大学で整形外科を必設置学科とする」ことが決まり、次第に各国に波及していった。日本にこの話が伝わると、日本で４番目に整形外科を設置していた新潟医大では医局員が大いに張り切ったそうである。 |
| 同３. ４. ２ | 1928 | 44 | 第３回日本整形外科学会総会が東京帝大整形外科教室で開かれ、本島教授は田代博士の推薦によって、宿題（研究）「アポヒゼオパチー（骨端症）」の報告を行った。 |

| 年号　年・月・日 | 西暦 | 年齢 | 事　項 |
| --- | --- | --- | --- |
| 同4．4．5 | 1929 | 45 | 第4回日本整形外科学会総会が初めて、新潟医科大学第1講義室において、本島一郎教授を会長として開催された。新潟医大から6人が素晴らしい研究を次々と発表した。この年ニューヨークを震源とする世界経済大恐慌が勃発し、世界中が混乱と疲弊のどん底に陥った。 |
| 同5．4．3 | 1930 | 46 | 第5回日本整形外科学会総会が大阪市堂島小学校で開かれ、新潟医大からは本島一郎教授、杉立義行助教授が出席して「小学児童の姿勢に就いて」をテーマに報告した。この発表は経済不況下の新潟市内小学生1,489人について調査したものであった。クル病性骨変化をはじめとする新潟地方住民について、体育医学的及び社会医学的な面から迫った論考で、整形外科からの初めてのアプローチであった。 |
| 同6．2.22 | 1931 | 47 | この日、本島教授は「新潟医大附属病院」院長に就任した。院長は病院の管理と整形外科教室の主宰に当たったので、研究と外来診療は南教授・伊藤助教授の肩にかかっていった。 |
| 同6．4.24 | 同年 | 同 | 午後、図書室で第1回の整形外科教室抄読会が開かれ、本島教授以下11人が出席した。 |
| 同6．5.23 | 同年 | 同 | 第2回抄読会が午後3時～6時15分まで外来診察室で開かれ、本島教授以下12人が参加した。 |
| 同6．6.30 | 同年 | 同 | 第3回抄読会が午後3時～5時まで、外科診察室で開かれ、本島教授以下11人が出席した。4回から7回まで記録なし。本島教授を中心に研究会が行われていたことがわかる。 |
| 同7．月日不明 | 1932 | 48 | 第7回日本整形外科学会総会が会長神仲正一会長のもとで、東京帝大工学部第1講堂で開催され、本島教授は「アルビー氏手術に就いて」の報告を行った。 |

| 年号　年・月・日 | 西暦 | 年齢 | 事　項 |
|---|---|---|---|
| 同8.10. 3 | 1933 | 49 | 本島教授は、２回目の海外出張研修を文部省から命ぜられ、ヨーロッパへ出発した。ドイツを中心として研修し整形外科施設を視察して、翌９年に帰国した。この年は、１月20日、ドイツではナチス政権の独裁が確立し、ヒットラーの人気が急上昇していた。本島教授はこの幻影と虚像にかなり共鳴し、勤労奉仕の精神、右手拱手の敬礼などに陶酔して帰国したといわれる。帰国後、彼は「日独文化協会新潟支部」支部長に就任した。 |
| 同9. 5.17 | 1934 | 50 | 帰国して間もないこの日、第１回「新潟外科集談会」が田中瑞穂教授、本島教授らが主唱して開催された。 |
| 同9.11.30 | 同年 | 51 | 第８回抄読会。記事なし（以後抄読会の記事がない）。 |
| 同10. 6.27 | 1935 | 51 | 第15回抄読会開催、本島教授以下８人が参加し、会終了後、「杉立講師の御馳走、支那料理、冷たいビールに一同舌鼓を打ちて散会、９時」と記録されており、研究や治療の合間に懇親するなど、医局の様子が記録されていて面白い（抄読会は同13年２月の第31回で終わっている）。 |
| 同11. 月日不明 | 1936 | 52 | 第11回日本整形外科学会総会が名古屋で開かれ、本島教授は「慢性関節水腫に対する滑液膜切除の治療的価値」を報告。 |
| 同11. 7.18 | 同上 | 同 | 新潟医大の富永学長が突然辞任した。後任は自他ともに許す病理学の川村教授がなるものと噂されていたが、何と、本島一郎教授が第４代「新潟医科大学学長」に選任された。以後昭和19年９月９日に定年退職するまでの約８年間、２期に亘り、本島教授の学長時代が続いた。教室の実際面は杉立助教授が一身に担当することとなった。敗れた川村教授は翌12年４月、慶応大学医学部に転出した。 |

| 年号　年・月・日 | 西暦 | 年齢 | 事　項 |
| --- | --- | --- | --- |
| 同 16. 4. 6～7 | 1941 | 57 | 第 16 回日本整形外科学会総会が、本島教授が 2 回目の会長となって新潟医科大学旧第 1 講堂において開催された。映画「興亜の鉄脚」を見たり、支那事変に於ける「戦傷切断患者の特殊治療概況」の講演があったりで、戦時色豊かなもので、盛会のうちに終了した。 |
| 同 16.12. 8 | 同年 | 58 | 真珠湾攻撃で太平洋戦争が始まると、医学界も戦争協力に動いていった。戦時下の医師育成が急務となり、新潟医大にも「臨時医学専門部」が併設され、軍医要員の速成教育が始まった。本島学長は退官まで新潟医科大学学長と、臨時医学専門部主事の職務を兼ねることになった。学内は医師の報国団結成など、戦時体制に巻き込まれていった。昭和 16 年卒から 3 カ月の繰り上げ卒業を実施、17 年からは 6 カ月繰り上げ卒業、19 年には 1 年繰り上げて卒業させ、軍医要員として陸海軍に送り込んだ。こんな時代に学長を務めた本島学長は重い責任を負い、学内の管理と調整に尽力するという重く多忙な仕事に奔走した。 |
| 同 19. 9. 9 | 1944 | 60 | 持論の 60 歳定年制を主張してきた本島学長は、後事を第 5 代橋本学長に託して、愛唱していた孟子の「君子に三楽あり、天下の英才を率いて育す、これを最楽として……」の章句を残して退官していった。新潟医専から新潟医大に至る 27 年間は日本の整形外科の啓蒙期の一齣に過ぎないといわれるが、本島教授は北越の地に整形外科の「一粒の麦」を播かれた人物として、また偉大な業績を残した先駆者として永く語り継がれるであろう。 |

| 年号　年・月・日 | 西暦 | 年齢 | 事　項 |
|---|---|---|---|
| 同 20. 4. | 1945 | 61 | 本島教授は新潟医大を定年退官して、時間的にやや余裕ができた頃、文部大臣田中耕太郎氏から「熊本の第五高等学校の校長が空席になっているので校長として着任しないか」との話があり、これを承諾した。竹子夫人は「遠い熊本への移住は嫌だ。行かない」というので、やむなく夫人を新潟に残して、単身赴任を覚悟して36時間の汽車旅で出発したという（本島虎太氏談）。この月、第五高等学校校長に就任した。同年4月、同校に進学してきた義理の甥本島虎太氏と一緒になり、当初一時的に校長官舎で一郎校長と過ごしたという。 |
| 同 23. 3. | 1948 | 64 | 太平洋戦争（大東亜戦争）敗戦後の3年間、深刻な食糧不足、生活・社会不安の中での単身赴任で、多くの辛酸をなめ、身体にも荷重がかかったものと思われる。この月、熊本の第五高等学校を退官し、竹子夫人が待つ新潟へ帰った。新潟の本島邸は進駐軍に接収されていたので、市内松浪町の有山教授の住宅を仮の住まいとして住んだという。退官後は、新潟医科大学名誉教授、日本整形外科学会名誉会員にあげられ、宮尾病院の顧問として医療にも若干関わっていたらしい。後輩の教授ら関係者からは「性格は豪放磊落、酒をこよなく好み、青少年学徒を愛し、清濁併せ呑む人柄は大学内外の多くの方々から敬慕の念を寄せられた」との述懐を聴いた。 |
| 同 27. 3.11. | 1952 | 69 | 前々から高血圧症の傾向があり、脳動脈硬化症が加わり、昭和26年夏頃、軽い脳溢血の発作を起こしていた。翌27年2月頃より衰弱が加わり、肺炎を併発して病状が悪化した。ついにこの日の朝、6時頃薬石の功なく逝去された。享年70、満69歳であった。地元太田の大光院墓地の墓誌には、3月10日逝去とある。墓誌によると、本島一郎先生の戒名は「高達院研譽本学一道居士」、昭和27年3月10日歿、70歳とある。竹子夫人は戒名「霜月院清譽竹香大姉」昭和53年11月26日歿、87歳とあり、長寿を全うされた。 |

## 著者　茂木　晃略歴

現住所　群馬県太田市由良町、昭和12年３月、太田市（旧生品村村田新道）で生まれる。昭和30年３月群馬県立太田高校を卒業、次いで群馬大学学芸学部人文社会科学科（地理学専攻）に進み、34年３月同校を卒業、教職の道に入る。昭和34年９月から東京都足立区立千寿第三小学校教諭を振出しに、同38年４月から群馬県立太田女子高校教諭、以後、群馬県立西邑楽高校教諭、桐生工業高校教頭、太田女子高校教頭、平成２年４月から前橋市立女子高等学校（前橋市立前橋高校）校長、平成７年４月から群馬県立太田女子高校校長となり、同校を最後に、平成９年３月末をもって公立高校を定年退職した。

退職後は有坂中央学園中央情報経理専門学校太田校校長・同教育顧問、太田市文化財保護審議委員会会長、太田市新道町区長等を歴任し、現在は（一般財団法人）群馬県教育振興会専務理事、群馬地名研究会副会長、太田市私学審議会副会長、太田市文化スポーツ振興財団理事、新田義貞公顕彰会会長などの職にある。

主な著書は「風土記おおた」（太田商工会議所発行）、「ふるさと散策　ふるさとの風土と歴史を訪ねてその１・その２」（群馬ＮＥＣ発行）、「ふるさと〝太田〟地名散歩100」（上毛新聞社出版局）、「写真集　太田・大泉の100年」（あかぎ出版）、「ふるさと事典　太田」（あかぎ出版）、「太田地域の道とひと～道路誌・人物誌ものがたり」（東京広告㈱）、「新田義貞公の生涯と活躍」（東京広告㈱）、「太田の都市化について」（『群馬文化』）、「太田市史 通史編 近・現代」（太田市）執筆・監修、「太田市議会史」（太田市）ほか。表彰は平成７年12月「上毛出版文化賞」（上毛新聞社）、平成19年11月「太田市民文化功労賞」（太田市長）、平成20年６月「太田市政功労章」（太田市長）、平成28年11月秋の叙勲で「瑞寶小綬章（教育功労）」受章。

新潟医科大学整形外科 初代教授　本島一郎 伝
「群馬県太田市の医家である本島より新潟へ」

発行者　もとじま整形外科・糖尿病内科
院長　本島　太
発　行　平成30（2018）年 5月16日　初版第1刷
著　者　茂木　晃
出版社　上毛新聞社事業局出版部
〒371-8666　群馬県前橋市古市町1-50-21
☎ 027-254-9962
定　価　962円＋税